Dieter Groß, Sternenhimmel, 1998

Die Himmelsleiter

Stufen zum Paradies

Von Peter Cornelius Mayer-Tasch
und Bernd Mayerhofer
Mit farbigen Abbildungen

Insel Verlag

Insel-Bücherei Nr. 1405

Inhalt

»Kannst auf der Himmelsleiter die Sprossen zählen!
Oder auf der Galgenleiter«
Hugo Ball, Der Henker von Brescia,
III. Akt, 5. Szene

Prolog
Die Himmelsleiter als Symbol

Wir sind symbolische Lebewesen, zur Symbolik und symbolischen Weltauslegung verdammt, im Guten wie im Bösen.[1] Symbole verknüpfen Erfahrungen, vernetzen sie mit Ideen und weisen derart Wege durch das Dickicht der irdischen Erscheinungswelt. Ohne Symbole, ohne die zu blitzartiger Einsicht geraffte, mitunter freilich auch in langwährender Meditation erst erworbene Erkenntnis, die Symbole, zumal religiöse, seit je erwecken, gäbe es weder Austausch noch Begegnung, weder Verständigung noch Verständnis.[2] Symbole verwandeln Sprache in Bilder, Bilder in Sprache. Ein Bild – so heißt es – sagt mehr als tausend Worte. Bilder vermitteln einen semantischen Überschuß, der sich durch (sprachliche) Interpretation nie vollständig auflösen läßt; sie eröffnen *Perspektiven* in Einsichts- und Wirklichkeitsdimensionen, die der Alltagserfahrung unzugänglich sind. Mircea Eliade (1907-1986), der große Religionsphilosoph und Ethnograph, sieht in der mystisch-metaphysischen Aufschließungs- und Enthüllungskraft die eigentliche Leistung des Symboldenkens, das (auch) er zu den wesentlichen Charakteristika des Menschen rechnet:

> Das Symboldenken ist kein ausschließlicher Besitz des Kindes, des Dichters oder des Gestörten: es gehört we-

> sentlich zum Menschen: es ist der Vorläufer der Sprache und des diskursiven Denkens. Das Symbol enthüllt ganz bestimmte Aspekte der Wirklichkeit – jene, die die größte Tiefe ausloten, jene, die sich allen anderen Hilfsmitteln des Erkennens widersetzen. Die Bilder, die Symbole, die Mythen sind keineswegs »nicht verantwortete« Schöpfungen der Psyche; sie entsprechen einer Notwendigkeit und erfüllen eine Funktion: nämlich die geheimsten Formen des Seins bloßzulegen.[3]

Symbole legen die verborgenen Wurzeln, die »geheimsten Formen« des Seins bloß; sie dringen ein und hinunter in die »größte Tiefe«, »enthüllen« die »eigentliche« Wirklichkeit, jene Wirklichkeit, die sich in Begriffen nicht mehr ausdrücken läßt. Symbole sind »Mittel des Erkennens«, eben weil sie auf den Begriff als Erkenntnismittel verzichten. Auch die *Himmelsleiter* ist ein solches »Erkenntnismittel«, ent- und verführt sie den Leser, den Betrachter doch in ein Reich, das nicht von dieser Welt ist: die ätherische Welt des Göttlichen, seit unvordenklichen Zeiten der Ort unfaßbaren Glücks. Den Sterblichen ist – jedenfalls fürs erste – der Himmel verschlossen; ihn selbsttätig zu öffnen reichen ihre Fähigkeiten nicht aus. Allein *göttliche Gnade* vermag dies, aber die läßt sich nicht herbeizwingen. Im Symbol der Himmelsleiter gewinnt diese Gnade sinnfällige Gestalt: Wenn sich die Tore öffnen und aus den Wolken eine Leiter heruntergelassen wird – mag es auch eine Strickleiter, ein Seil, ein Lichtstrahl, eine Treppe oder gar jene goldene Kette sein, von der Cicero einst träumte, daß an ihr der Knabe Augustus vom Himmel herabsteige –,[4] wird für einen kurzen Augenblick im wahrsten Sinne des Wortes zugänglich, was gemeinhin als das Unzugängliche schlechthin, das »Ganz Andere« erscheint.[5]

Die Himmelsleiter ist – wer wollte daran zweifeln – ein Symbol der Verbindung, und sie ist dies vor allem als Sinnbild der *Grenzüberschreitung*, der Transzendenz und Transgression. Raum und Zeit haben keine Gültigkeit mehr. Was allein zählt, ist die Geschicklichkeit und der Mut derjenigen, die die Himmelsleiter besteigen, sei es, um auf ihr nach unten zu klettern (wie die Engel in Jakobs oder der spätere Kaiser in Ciceros Traum), sei es, um Sprosse für Sprosse nach oben zu streben, einer himmlischen Wirklichkeit entgegen, der seit je das Sehnen der Menschen, ihr Hoffen und Bangen gilt. Wie heißt es doch bei Achim von Arnim:

Geh über und unter im Meer
Drin steht eine Himmelsleiter,
Ach wer nur im Himmel erst wär.[6]

Kein Symbol nimmt diese *Himmelssehnsucht* stärker auf und bringt sie eindringlicher zum Ausdruck als die Himmelsleiter. In ihr spiegelt sich die Hoffnung, daß sich die Scheidung der Sphären, die Trennung von Oben und Unten, von Himmelreich und Menschenwelt, überwinden läßt. Weil es Treppen, Leitern, Seile, Ketten gibt, die in den Himmel führen, dorthin, wo der Quell des Glücks sprudelt, weil mit ihnen, in der mythischen Wirklichkeit und in der Bild gewordenen Vorstellung der Gläubigen, unvorstellbare Distanzen überbrückt werden können, gibt es auch *Erlösung*. Hoch oben, in den himmlischen, den erdfernen Regionen, verdichten sich seit unvordenklichen Zeiten die sakralen Potenzen. Das »Hohe« und das »Erhabene« (weil Erhobene) sind Eliade zufolge archetypische Hierophanien des Heiligen. In ihnen offenbart sich – in jeweils unterschiedlicher Gestalt – das *Transzendente*:

In den höheren Regionen verdichten sich die sakralen

> Mächte; alles, was dem Himmel näher ist, hat – in verschiedener Intensität – an der Transzendenz teil. Das Hohe und Höhere bedeutet das Transzendente und Übermenschliche; jede Auffahrt ist ein Aufbrechen der jenseitigen Ebene, ein Verlassen des profanen Raumes und des menschlichen Standes. Selbstverständlich ist die Sakralität der Höhe aus der Sakralität der hohen Sphären, zuletzt aber aus der Heiligkeit des Himmels abgeleitet.[7]

Der *Heiligkeit* des Himmels korrespondiert notwendig die *Profanität* des Irdisch-Menschlichen. Den profanen Raum, die menschliche Sphäre verlassen muß, wer in den heiligen Bereich Einlaß finden will. Es ist für gewöhnlich der Tod, der das irdische Dasein beendet und eine neue Perspektive, die Perspektive der Transzendenz, eröffnet. Und wo immer diese Perspektive, der »Übergang ins Jenseits« (Eliade), als eine Art Aufstieg gedacht wird – eben weil die andere Welt im Himmel oder in der Höhe lokalisiert wird –, dort muß die Seele des Toten einen Weg nach oben finden, sei es, daß sie die Pfade eines Berges erklimmt oder auf einem Baum, einem Seil oder einer Leiter hinaufsteigt. Ihm [dem Verstorbenen] wird eine Treppe geschlagen . . ., damit er damit zum Himmel aufsteige, heißt es in Spruch 365 a der ägyptischen Pyramidentexte.[8] Die in zahlreichen Gräbern gefundenen Amulette mit dem Abbild einer Leiter bzw. einer Treppe belegen eindrucksvoll die außergewöhnliche Popularität der Leiter als Symbol postmortaler Grenzüberschreitung. Rê selbst – der Sonnengott – schreitet auf einer Leiter von der Erde in den Himmel und weist derart den Sterblichen nicht nur den Weg, sondern auch das Mittel für die finale Himmelfahrt.[9]

Daß diese Himmelfahrt seit je nicht als selbstverständlich galt, sondern an spezifische Voraussetzungen gebunden

Ulrike Schneiders, fotografische Adaption
von Hermann Hesses Gedicht »Stufen«

war – weshalb sie ja im Bild beschworen werden mußte –, beweisen unter anderem die in vielen byzantinischen Kirchen anzutreffenden Darstellungen von Himmelsleitern in Zusammenhang mit dem Weltgericht. Jeder »echten« Himmelfahrt gehen Gericht und Prüfungen voraus, und jede Himmelfahrt wird von Prüfungen begleitet, die die Spreu vom Weizen, die Bösen von den Guten trennen.

Tatsächlich stellen sich die meisten Religionen den Weg ins Paradies als *Aufstieg* vor, und ein großer Teil von ihnen setzt diesen Aufstieg mit Hilfe der Leiter ins sprechende Bild. Die profane Leiter wird zum *Medium*, das Unvorstellbare in die Vorstellung einzuholen, zur Brücke zwischen den strikt geschiedenen Welten des *Profanen* und des *Sakralen* (Eliade). Im Sinnbild verblassen die Distanzen, in der symbolischen Wahrnehmung verkürzt sich die unendliche Strecke zu einer kurzen Kletterpartie. Himmelsleitern überbrücken mithin eine kognitive *und* eine ontologische Differenz, den Abgrund des Seins, die Kluft zwischen Verdammung und Erlösung, Hölle und Paradies, aber auch den *Hiatus* von Sehen und Begreifen, Erfahrung und Wissen. Im Mythos sind es fast immer die Götter, die die Leitern herstellen, auf daß die Sterblichen, sich ihrer bedienend, in den Himmel steigen, sie nach dem Tod in trauter Seligkeit zu schauen. Freilich ist die Himmelsfahrt keineswegs nur den Seelen der Verstorbenen vorbehalten: Leitern, die in den Himmel führen, können bereits zu Lebzeiten begangen werden, und zwar von jenen, die sich das Recht dazu aufgrund ihrer Tugend, ihrer besonderen Fähigkeiten oder vollzogener Riten erworben haben. Riten verwandeln den profanen in einen sakralen Raum und erheben, erhöhen ihn dadurch. Jene, die die Riten zelebrieren, zimmern sich im buchstäblichen Sinne ihre eigenen

Himmelsleitern; sie machen sich »eine Leiter und eine Brücke, um die himmlische Welt zu erreichen«.[10] Eine ausgezeichnete Bedeutung dürfte *rituellen Himmelsleitern* in den Mysterienreligionen zuteil geworden sein – vieles spricht dafür, daß das zeremonielle Ersteigen einer Leiter Teil der orphischen Initiation gewesen ist und auch in der Mithra-Initiation eine Rolle gespielt hat.[11] Noch heute sind solche rituellen Himmelfahrten bei den uralaltaischen Völkern üblich, deren Schamanen ähnlich wie die Orphiker bei ihrer Initiation ins Schamanentum Zeremonialleitern besteigen.[12]

Himmelsleitern sind Brücken in ein anderes Land, in eine andere Existenz. Wer sie besteigt, ob im Traum oder in der eigenen spirituellen Praxis, läßt alles zurück: sein Leben, seine Liebe(n), seine Ängste, Hoffnungen und Leidenschaften, seine Kenntnisse und Vorurteile. Um neu zu beginnen und alles zu gewinnen: die Seligkeit im Angesicht Gottes, das Glück der wahrhaft Glücklichen! Errichtet und zur Erde herabgelassen werden Himmelsleitern zumeist von einem freundlichen Schicksal, einem gnädigen Gott: Wer sie besteigt, ergreift eine unverhoffte Gelegenheit. Wo Himmelsleitern von Menschen errichtet werden, haben wir es entweder mit einer mystisch-meditativen Selbsterhöhung zu tun, wie im Falle der Orphiker oder des Schamanismus, oder mit einer Profanierung des Symbols, seiner Verwandlung in eine beliebig einsetzbare Metapher:

> Auf der Stufenleiter der Bildung oder Kultur besteigt die Menschheit . . . durch die Gewohnheit die erste Sprosse, und da sie sich vorstellt, im Erklimmen der Kultur zugleich den Himmel, das Reich der Kultur oder zweiten Natur, zu erklimmen, so besteigt sie wirklich die erste Sprosse der – Himmelsleiter.[13]

Welch – durchaus zeittypisches – Vertrauen in die zur Himmelsleiter veredelte Kraft der Bildung, des Fortschritts, der Kultur spricht aus den Worten Max Stirners (1806-1856), jenes gescheiterten Gymnasiallehrers, der der grenzenlosen Freiheitssehnsucht des Individuums in seinem Buch »Der Einzige und sein Eigenthum« ein unvergeßliches literarisches Denkmal gesetzt hat. Mag der Glaube an die kulturschaffenden, sprich: himmelstürmenden Fähigkeiten *der* Menschheit auch ein wenig erstaunen angesichts der Tatsache, daß Stirner sich in diesem *maßlosen* Werk für ein unbegrenztes Aneignungsrecht des einzelnen ausspricht und kollektive Verbindlichkeit allein auf die Freiwilligkeit der individuellen Willensentscheidung gründet – nicht überraschen kann dagegen die Kritik, die Karl Marx (1818-1883) in der »Deutschen Ideologie« am Stirnerschen Himmelspathos geübt hat: In gänzlich unhistorischer Weise verwandele »Stirner die Menschheit in eine Person, die ›auf der Stufenleiter der Kultur die erste Sprosse‹ besteigt . . . Jetzt handelt es sich für unseren Eiferer gegen das Heilige nur noch darum, die ›Stufenleiter‹ in die ›Himmelsleiter‹ zu verwandeln.«[14]

Aus den Augen verloren habe Stirner die »profanen Eigentumsverhältnisse hinter der Decke des ›Heiligen‹« und sich »aus China« eine (überdies »gebrechliche«) Himmelsleiter geborgt, um mit ihr eine »Sprosse der Kultur« zu erklimmen, auf der – so Marx' vernichtendes Verdikt – »in zivilisierten Ländern sogar die Schulmeister stehen«.[15] Himmelsleitern sind etwas für Träumer und Phantasten, nichts jedoch für Menschen, die wie Marx *mit beiden Beinen auf dem Boden* der Tatsachen *stehen*, nichts für Materialisten, die das Paradies auf Erden wähnen und es aus der Aufhebung der bürgerlichen Eigentumsverhältnisse her-

Horst Antes, Grünes Interieur mit Leiter, Farblithographie 1980

vorgehen lassen (wollen). Nicht im Himmel (der Religion), auf Erden wartet – ein Gemeinplatz des historischen Materialismus – das Glück, und wer es erringen möchte, sollte nicht auf Leitern hoffen, die ein gütiges Geschick oder der Genius der Menschheit selbst errichtet, sondern muß, Stufe für Stufe, die Leiter der proletarischen Revolution hinansteigen, um am Ende jene Früchte zu ernten und zu genießen, die die Gesetze der Geschichte beziehungsweise des Klassenkampfes den mutigen Revolutionären in Aussicht stellen.[16]

Den Himmel gewinnen und auf die von einem freundlichen Schicksal errichtete Himmelsleiter verzichten (wollen) – dies scheint das Schicksal der Moderne zu sein. Wir haben sie weggestoßen, Jakobs Himmelsleiter, und klettern doch hinan, einem ungewissen Ziel entgegen: auf der Leiter des Fortschritts, auf der »Himmelsleiter des Übermuts«,[17] auf den Himmelsleitern des Geistes, der Wissenschaft, ja manchmal sogar der Revolution. Den Romantikern wurde vor allem die *Kunst* zur ultimativen Himmelsleiter, die Himmelsleiter selbst zum Symbol einer Selbstbefreiung des Geistes aus den Zwängen des Daseins mit Hilfe der Kunst: »Ist das die ungelebte Kunst, die nicht möglich ist im Leben, – so lebt doch der Geist einzig in ihr und steigt bis zur obersten Sprosse der Himmelsleiter mit starkem Willen.«[18]

Die Kunst – so das romantische *a priori* – veredelt den Menschen, indem sie seinen Geist von allen irdischen Schlacken befreit und auf den Sprossen der Himmelsleiter in lichte Höhen erhebt, dorthin, wo der Himmel »voller Geigen« hängt.[19] Bei Eichendorff ist es am Ende die Literatur selbst, richtiger: die Poesie, die Dichtkunst, die in Rolle und Funktion einer Himmelsleiter hineinwächst, mit dem Leser als literarischem Sprossenkünstler:

> Denn kein Dichter gibt einen fertigen Himmel; er stellt nur die Himmelsleiter auf von der schönen Erde. Wer, zu träge und unlustig, nicht den Mut verspürt, die goldenen, losen Sprossen zu besteigen, dem bleibt der geheimnisvolle Buchstabe ewig tot.[20]

Es sind mutige Naturen, die Himmelfahrten antreten – und sie allein anzutreten vermögen. Wer zu stark am Leben hängt – am Leben, wie es ist, und nicht, wie es nach romantischer Ansicht sein sollte –, wer sich gar den Genüssen des Lebens überläßt, ihnen allzu freundschaftlich zugetan ist, wird, nicht zuletzt aus Gewichtsgründen, scheitern:

> Trinken und Singen
> Viel Essen macht viel breiter
> Und hilft zum Himmel nicht,
> Es kracht die Himmelsleiter.[21]

Es gehört zum Wesen des Himmelsleitersymbols, daß es die Sehnsucht nach einem Leben im Paradies und dessen verheißene Wonnen zurückbindet an Verzicht und Enthaltsamkeit, an die Mühen – und an die Gefahren – des Aufstiegs (seltener des Abstiegs). Himmelsleitern wachsen aus den Wolken hinunter zur Erde; besteigen muß man sie selbst. Man kann dabei straucheln; deshalb ist größte Umsicht geboten. Je höher man klettert, desto tiefer geht es hinab. »Vorsicht auf der Himmelsleiter« überschreibt daher auch ein Autor seine »Auskünfte in Glaubensfragen«.[21a] Es stürzen eben nicht nur die Frevler und Ungläubigen, die Schurken, Lügner und Verbrecher, sondern auch die Zweifler, die Zaghaften und die Mutlosen: »Wer den Himmel gewinnen will«, so lesen wir bei Emanuel Geibel (1815-1884), einem Mitglied des »Münchner Dichterkreises« um König Maximilian II., »muß ein rechter Kämpfer sein.« Wer dies nicht ist, wer das Herz nicht am rechten

Fleck hat und ohne Zuversicht ist, sollte von Himmelsleitern (oder anderen spirituellen Aufstiegshilfen) die Finger lassen und sich weniger gefährlichen Unternehmungen zuwenden. Im Symbol der Himmelsleiter ist Erlösung verheißen, nicht jedoch versprochen. Die Möglichkeit des Scheiterns gehört dazu, ist Teil des Bedeutungsraumes, den das Sinnbild erschließt. Die Himmelsleiter ist eben beides zugleich: Symbol des befreienden Aufstiegs zu Gott – seltener des die Menschheit erlösenden Abstiegs (einer »Herablassung« der Gottheit sozusagen) –, aber auch Inbegriff eines immer möglichen Sturzes. Und dies vielleicht auch noch jenseits der Sogkraft des von Botticelli im inneren Blick auf Dantes *Commedia Divina* ins Bild gesetzten Höllentrichters.[21b] Vielleicht liegt in dieser Spannweite die ungewöhnliche Popularität des Himmelsleitermotivs beschlossen. Schließlich bündelt es gegensätzliche Erfahrungen, die nur gemeinsam die menschliche Existenz ausmachen. Ohne das Risiko des Absturzes gibt es keinen Aufstieg, und ohne Aufstieg wiederum bestünde zu keinem Zeitpunkt die Gefahr eines Absturzes – allerdings gäbe es dann auch nicht die Möglichkeit der Erlösung. Sie allein, die Hoffnung auf Erlösung, auf Befreiung treibt den Menschen an zu Handlungen, deren mögliches Scheitern gleichsam die Kehrseite zukünftiger Glückseligkeit darstellt. Wer sich auf kein Wagnis einläßt, kann nichts verlieren; allerdings gewinnt er auch nichts – und verfehlt am Ende sich selbst. Also verliert er doch etwas. In dieser Ambivalenz verbirgt sich, hinter aller oberflächlichen Metaphorik und suggestiven Symbolik, das syntaktische Grundmuster des Himmelsleitermotivs, an dem selbst noch die vordergründigsten Verwendungsweisen teilhaben. Diese Dialektik zu erschließen und an einigen ausgewählten Beispielen zu verdeutlichen ist ein wesentliches Anliegen dieses Buches, das damit – über den kulturgeschichtlichen Bedeutungsraum hinaus – auch einen Beitrag zur »symbolischen Lebenskunde« leisten möchte.

1. Hoch hinaus
Von Stufen und Treppen, Sprossen und Leitern

Von der einfachen Aufstiegshilfe zur Himmelsleiter ist es ein weiter Weg – eben jener, der in allen Religionen vom Profanen zum Sakralen, vom Menschen zu Gott führt. Himmelsleitern – so viel ist gewiß – stehen im »Erdental« (Achim von Arnim), sind im Leben und im (grauen) Alltag verankert. Eichendorff war sich dessen sehr wohl bewußt:

> Ich meine, daß die Basis der Himmelsleiter, auf der man hinaufsteigen will in höhere Regionen, befestigt sein müsse im Leben, so daß jeder nachzusteigen vermag. Befindet er sich dann immer höher und höher hinaufgeklettert, in einem fantastischen Zauberreich, so wird er glauben, dies Reich gehöre auch noch in sein Leben hinein, und sei eigentlich der wunderbar herrlichste Teil desselben.[22]

Wer von Himmelsleitern sprechen, gar über sie schreiben möchte – und über das »fantastische Zauberreich«, das sie eröffnen –, darf über das Leben nicht schweigen. Er muß reden von der (Lebens-)Not des Menschen, vom (Lebens-)Zwang, sich »zu erhöhen«, über seinen – häufig genug profanen – Drang in die Höhe, seine unstillbare Sehnsucht, Räume und Grenzen zu erweitern, zu überwinden, und über die Mittel, die er sich zu diesem Zweck ersonnen hat: die Stufen, Treppen und Sprossen, die Stand- und Strickleitern, die zahllosen Aufstiegshilfen, die kompensieren sollen, was der Mensch als »Mängelwesen« (Arnold Gehlen) nicht von sich aus vermag. Stufen führen nach oben. Wer die Stufen einer Treppe betritt, will höher steigen. Wer die Sprossen einer Leiter besteigt, will hoch hinaus. Sein Tun hat Ziel und Zweck. Er will Niveauunterschiede überwinden, um in den Besitz einer bestimmten Sache zu gelangen oder in luftiger Höhe eine bestimmte Tätigkeit zu verrichten. Soweit es nicht aus purer Lebenslust und schierem Übermut geschieht – was zuweilen bei Kindern und Jugendlichen der Fall sein mag –, ist das Besteigen einer Treppe oder Leiter nicht Selbstzweck, sondern Mittel zum Zweck. Der Aufstieg dient vorbedachtem Interesse, das möglicherweise sogar die Herstellung beziehungsweise den Kauf oder die Ausleihe der Leiter veranlaßt haben mag. Wer Treppen oder Leitern benutzt, hat Gründe dafür: Er will über das Treppenhaus ins Oberschoß gelangen oder greift auf der Suche nach einem in schwindelnder Höhe eingestellten Folianten zur Bibliotheksleiter. Vielleicht muß er auch aufs Hausdach steigen, um die Schäden zu reparieren, die der letzte Sturm hinterlassen hat. Feuerwehrmänner löschen von Leitern aus Brände und retten Menschen das Leben, Maler streichen mit ihrer Hilfe Dekken, Elektriker installieren Leuchtkörper, Bauern pflücken von Leitern aus Obst, und Jäger ersteigen auf diese Weise ihre Aussichtsstände. Sogenannte Baumkletterer machen zur Verrichtung ihres Beschneidungswerkes die Bäume selbst zu Leitern. So manches Schiff will über Strick- oder Metalleitern erstiegen, so manche Bergwand auf speziellen Steigleitern erklommen werden. Ein riskanter Aufstieg anderer Art war in Bayern als männlicher Initiationsritus bis in die jüngste Vergangenheit hinein Brauch: das »Fensterln«. Soweit ihnen weder der Alkohol als Mutmacher noch der meist mit Argusaugen über die Tugend seiner Tochter wachende Vater einen Strich durch die Rechnung machte, pflegten sich heißentflammte Jünglinge dem Kammerfenster ihrer Angebeteten mit einer Leiter zu nähern, um dem Himmel auf Erden auf ihre Weise näher zu kommen ...

Pseudo Jacopino di Francesco,
Vision von St. Romuald, 1329

Codex Palatinus Germanicus 848, 22v: Graf Kraft von Toggenburg, Buchmalerei 1305-1340

Treppen sind – wenn nicht stets, so doch zumeist – Wegführungen, deren Ziel feststeht; bei Leitern ist dies für gewöhnlich nicht der Fall. Leitern lassen sich für die verschiedensten Zwecke verwenden: sie sind Werkzeuge, die man benützt, ohne ihnen besondere Aufmerksamkeit zu schenken. Man stellt sie auf . . . und nach getaner Arbeit mehr oder minder achtlos wieder zur Seite. Man klappt sie zusammen und räumt sie weg: in die Besenkammer, auf den Speicher oder in den Keller, in die Garage oder in den Stadel. Wenn sie nicht gebraucht werden, stören Leitern. Ausnahmen, wie etwa die kostbar gearbeiteten Barockleitern in einigen Kloster- und Fürstenbibliotheken, bestätigen die Regel: Leitern sind Gebrauchsgegenstände, die man zur Seite schafft, sobald der Zweck, der zu ihrer Aufstellung führte, erfüllt ist. Die Kulturgeschichte der Leiter – sollte sie jemals geschrieben werden – müßte hier ihren Anfang nehmen: Leitern sind, wie letztlich auch Treppen, Gebrauchsgegenstände, ersonnen von der Notdurft des Alltags, erdacht und erfunden vor langer Zeit von Menschen, denen an der Lösung praktischer Probleme gelegen war. Vielleicht waren es anfänglich Steine, die miteinander zu einer Art Treppe verbunden wurden. Vielleicht haben es die »ersten« Menschen ähnlich gemacht wie die Brüderriesen der griechischen Mythologie, die Aloaden, die drei Berge – Olymp, Ossa und Pelion – übereinander türmten, um über diese Leiter die Burg der Götter zu erstürmen. Und vielleicht erging es einigen von ihnen auch wie diesen Riesen, die, von den Pfeilen Apollons getroffen, ihr Unterfangen mit dem Tod bezahlen mußten. Das Benützen einer Leiter will gelernt sein, und es darf nicht vorausgesetzt werden, daß Geschicklichkeit und Gleichgewichtssinn von Beginn an zur Gänze ausgereift waren. Wer weiß, vielleicht steht eine Leiter sogar am Anfang der (biblischen) Menschheitsgeschichte: Vielleicht hing der Apfel, der Adam von Eva gereicht wurde, so hoch am Baum der Versuchung, daß er sich nur mittels einer Leiter herunterpflücken ließ. Immerhin haben wir es hier mit jener ersten Form von Hybris – jener bereits erwähnten »Himmelsleiter des Übermuts« – zu tun, die in Gestalt des Wechsels von Aufstieg und Fall fortan die Geschichte des Symbols – und jene der Menschen – kennzeichnen sollte. In einer seiner Oden hat der römische Dichter Horaz (65-8 v. Chr.) dieser Hybris einen zeitlos gültigen Ausdruck verliehen:

Nichts ragt Sterblichen allzu steil:
Selbst den Himmel bedroh'n Törichte wie wir.[23]

Daß mit Hilfe von Leitern nicht nur der Himmel, sondern vor allem das (menschliche) Leben bedroht wurde, steht auf einem anderen Blatt jener noch zu schreibenden Kulturgeschichte. Nicht zufällig gehört die Leiter zu den sogenannten Leidenswerkzeugen Christi (*arma christi*), zu jenen Gegenständen also, die in der Passion Christi eine unheilvolle Rolle spielten. Eine Leiter lehnte sowohl bei der Kreuzigung als auch bei der Kreuzabnahme am Kreuz

Christi. An eine Leiter gefesselt und daran zu Tode gefoltert wurde im 7. Jahrhundert der heilige Emmeran, der Bischof von Regensburg, weshalb sie auch unauflöslich zu seinem Attribut geworden ist. Himmelsleitern sind diese Leitern allenfalls in einem übertragenen Sinne, weil sie »Leidensleitern« sind, Leitern eines letztlich von aller irdischen Trübsal erlösenden und zur Himmelfahrt befreienden Martyriums. Vor allem in vorindustriellen Zeiten wurden solche Leidensleitern in großer Zahl zu kriegerischen Zwecken und mit blutigen Folgen eingesetzt: Die steinerne Himmelsleiter der griechischen Riesen ist eine Waffe, ein Instrument der Aggression – sie führt die Aggressoren hoch hinauf zur Himmelsburg der Götter, welche ihren Ansturm freilich mit überlegener Kriegskunst abzuwehren wissen. Sogenannte *Sturmleitern* gehören seit ältesten Zeiten zum Arsenal prämoderner Militärtechnik. Wo es Mauern zu überwinden galt, blieb – außer dem Tore brechenden Rammbock, Wurfmaschinen wie den römischen Katapulten und jenen mehrstöckigen, beweglichen Belagerungstürmen aus Holz, die bis auf wenige Meter an die Befestigungsanlagen herangefahren werden konnten – nur die Leiter, um die Höhe, im zuletzt genannten Fall die Breite, und damit schließlich auch den Feind zu bezwingen.

Stellvertretend für viele andere Ereignisse sei in diesem Zusammenhang an den Hunnensturm des Jahres 452 erinnert, dem die Stadt Aquileia zum Opfer fiel. Ein Jahr nach seiner Niederlage auf den Katalaunischen Feldern führte der unberechenbare Hunnenführer Attila seine Truppen nach Oberitalien, um Rache für die schmerzvolle Demütigung zu nehmen. Bis auf Steinwurfweite an die Mauern der stark befestigten Handelsstadt herangerückt, eröffnete er den Angriff mit einer Taktik, die bis in die Neuzeit hinein

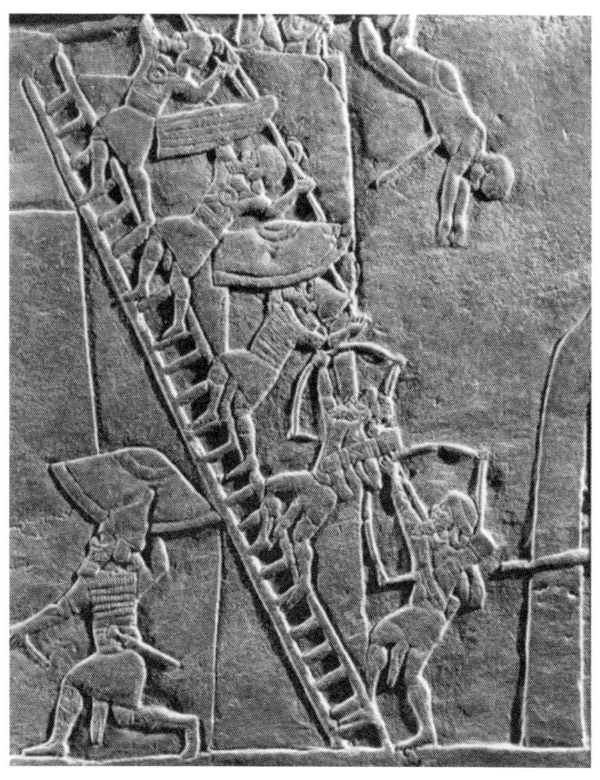

Erstürmung einer ägyptischen Stadt durch die Assyrer: Relief aus dem Palast von Ninive, 7. Jahrhundert v. Chr.

angewandt wurde: Da das sandig-sumpfige Gelände für den Einsatz von hohen Belagerungstürmen und anderen Belagerungsmaschinen, wie etwa den schweren Rammen, ungeeignet war, sollten Katapulte die Stadtfestung sturmreif schießen. Das gewünschte Resultat blieb freilich aus: Nach drei Monaten war das Mauerwerk an vielen Stellen zwar erheblich beschädigt, nirgendwo jedoch schlachtentscheidend eingebrochen. In dieser Situation setzte Attila, den angeblich nur ein ausfliegendes Storchenpaar vom Abbruch des Unternehmens abgehalten hatte, auf das klassische Mittel des Sturmangriffs. Hunderte von Leitern wurden von seinen griechischen Sklaven zu diesem Zweck angefertigt. Spezielle Fußtrupps lehnten die Leitern an, die anschließend von den kampfstärksten Hunnenkriegern erklommen wurden. Als es immer mehr von ihnen gelang, sich auf den Zinnen festzusetzen, war es um die Standfestigkeit und Widerstandskraft der Belagerten geschehen: Aquileia versank in einem Blutbad. Die wenigen Bewohner, die sich retten konnten, flohen in die nahe gelegenen Sümpfe und Lagunen rund um das römische Castrum Gradense (das heutige Seebad Grado).[24]

Auf den Einsatz von Sturmleitern verstanden sich freilich nicht nur die Heiden, sondern auch und vor allem die Christen, die während der Kreuzzüge mehrfach Gelegenheit hatten, ihre Kunstfertigkeit unter Beweis zu stellen. Im selben Jahr, in dem Mehmets II. Janitscharen auf Sturmleitern die Zinnen von Byzanz erklommen, erstiegen Christenkrieger auf dieselbe Weise die Mauern Jerusalems, um dort ein ganz und gar unheiliges Verbrechen zu begehen: den Massenmord an einer wehrlosen Bevölkerung. Insgesamt starben nach arabischen Quellen fast 70.000 Muslime und Juden, knöchelhoch stand das Blut in den Straßen der heiligen Stadt. Für viele dieser Glaubenskrieger waren die Sturmleitern wohl tatsächlich eine Art von mißverstandener Himmelsleiter, waren doch zahlreiche Kreuzfahrer beseelt von der Hoffnung, dereinst im Himmel gerechten Lohn für ihr ungerechtes Tun zu erhalten – eine Hoffnung, die durch die Gewährung vollkommenen Sündenerlasses durch die zu den Kreuzzügen aufrufenden Päpste gewährt wurde. Für die Unglücklichen, die »Ungläubigen«, bedeuteten diese Leitern jedenfalls das Ende all ihrer irdischen Hoffnungen, die Hölle auf Erden, den bestialischen Tod.[25] Das ganze Mittelalter und einen großen Teil der Neuzeit hindurch in Gebrauch, kamen die Sturmleitern aus der Mode, als das Schwarzpulver seinen waffentechnischen Siegeszug antrat. Die letzte deutsche Stadt, die mit Hilfe von Sturmleitern erobert wurde, war Regensburg im Jahre 1809.[26]

Nicht zum Krieg, sondern zum Leben, zum Alltag, gehörten Leitern vor allem dort, wo ohne sie die eigene Wohnung gar nicht erreichbar gewesen wäre: Überall auf der Welt, in der Türkei, in Jordanien, in Äthiopien, in Mexiko oder im Süden der Vereinigten Staaten von Amerika, finden sich eindrucksvolle Zeugnisse von tief in den Fels oder in den Boden eingegrabenen und oftmals weitverzweigten stadtähnlichen Wohnhöhlen, die nur über Leitern zu erreichen und deren einzelne Stockwerke durch Leitern miteinander verbunden waren. Im kappadokischen Kaymakli beispielsweise, einer Landschaft von bizarrer Schönheit, suchten schon in vorgeschichtlichen Zeiten Menschen Schutz in unterirdischen Städten. Später waren es Christen, die sich vor ihren Verfolgern in diese und andere kappadokische Höhlen flüchteten, um ungestört vor Verfolgung ihren Glauben praktizieren zu können. Noch im frühen 19. Jahrhundert lebten in den aus einem Labyrinth von Gängen, Rampen, Treppen und Räumen bestehenden Wohnanlagen, gut versteckt vor Angreifern, doch in nahezu absoluter Finsternis, Menschen. Die Eingänge befanden sich nicht selten direkt unter den oberirdischen Wohnungen und konnten im Bedarfsfall durch Rundsteine schnell versiegelt werden.[27] Ein ganz ähnliches Bild bietet sich im nordwestlichen Mexiko und in Mesa Verde, Colorado, wo die *Anasazi*, die Vorfahren der heutigen *Pueblo*-Indianer (pueblo, span. = Dorf), ihre berühmten Höhlensiedlungen errichteten.[28] Eine der eindrucksvollsten ist ohne Zweifel die Anlage in Mesa Verde, ein verwirrender Komplex aus zwei- bis vierstöckigen Wohnquadern, die unter überhängenden Felswänden in das weiche Gestein gemauert wurden; erreichen ließen sie sich nur über Leitern und schmale Steintreppen. Leitern ermöglichten auch den Durchstieg zu den höher gelegenen Stockwerken, in denen Getreide und andere Lebensmittel gelagert wurden. Es läßt sich ohne Übertreibung behaupten, daß Holzleitern und Felstritte für die Anasazi einen unverzichtbaren Bestandteil ihrer alltäglichen Wohn- und Lebenskultur darstellten. Nur über Aufstiegshilfen, die mit großer Geschicklichkeit zu benützen sie von Kindheit an gewöhnt waren, gelangten die Bewohner der *Pueblos* zu ihren Häusern und in die höher gelegenen Räume. Des Nachts und bei Gefahr eingezogen, boten sie Schutz vor wilden Tieren und feindlichen Nachbarn. Tagsüber aufgestellt, verbanden sie die Menschen miteinander, verwandelten sie sich aus totem Holz in die Voraussetzungen sozialer Interaktion. Treppen und Leitern waren, mit anderen Worten, integrale Bestandteile einer Architektur und einer Lebensform, die ohne sie nicht möglich gewesen wären.

Auch in Europa aber gab es Orte, die über lange Zeiträume nur oder doch hauptsächlich über Leitern miteinander verkehrten oder verkehren konnten. So etwa im westschweizerischen Wallis die Bergdörfer Leukerbad und Albinen. Der zwischen diesen Orten liegende malerische Landschaftsteil »Leitern« wurde im 18. und 19. Jahrhundert von zahlreichen Stahl- und Kupferstechern immer wieder wirkungsvoll ins Bild gesetzt. Ob das Ziel dann stets hielt, was der steile Weg versprach, steht auf einem anderen Blatt.

Himmelsleitern in einem buchstäblichen Sinne sind jene Leitern, die zum Rüstzeug des Bergsteigers gehören. Die Bergsteiger haben aus der Not eine Tugend, aus dem Steigen eine Passion, aus dem Klettern eine Berufung gemacht. Sie sind die eigentlichen Himmelstürmer – Menschen, deren raumgreifender und grenzenüberwindender Drang in die Höhe sie schon in der frühen Phase des »Alpinismus« nach Wegen und Mitteln suchen ließ, ihrer noch jungen und daher technisch »unentwickelten« Leidenschaft für die Vertikale Ausdruck zu verleihen. Die (europäische) Geschichte des Bergsteigens, deren Zeugnisse bis ins 14. Jahrhundert zurückreichen, verzeichnet neben einsamen Gipfelstürmern wie Petrarca früh bereits umfangreiche Expeditionen, die den Herausforderungen der Bergwelt mit Strick- und Steigleitern sowie anderem Gerät zu Leibe rücken. Von Anbeginn war es neben der Lust an der äußeren die Lust an der inneren, der eigenen Natur, die die Menschen in die Berge und auf die Gipfel trieb. Als Petrarca am 26. April 1236 den berühmten *Mont Ventoux* in den französischen Alpen besteigt, ist er nach eigenem Bekunden beseelt von dem Wunsch, die ungewöhnliche Höhe dieses Fleckchens Erde in Augenschein zu nehmen:

> Allein vom Drang beseelt, habe ich den höchsten Berg dieser Gegend bestiegen, den man nicht zu Unrecht ›Den Windigen‹ nennt. [...] Viele Jahre hat mir diese Besteigung im Sinn gelegen. Diesen außergewöhnlich hohen Ort zu sehen, diesen Berg, der von allen Seiten weithin sichtbar ist und mir immer vor Augen steht. [...] Der

> Mont Ventoux ist hier der höchste und der Vater aller benachbarten Anhöhen.[29]

Am Gipfel angekommen, gesellt sich zum äußeren der innere An-Blick, zum Augenschein der Natur die Innenschau der Seele:

> Dann wandte ich, zufrieden, vom Berg genug gesehen zu haben, die inneren Augen auf mich selbst, und von jener Stunde an konnte keiner mich reden hören, bis wir ganz unten angelangt waren.[30]

Am Ende verwandelt sich dem noch gänzlich in christlichen Bahnen denkenden und fühlenden Humanisten, was eben noch bloße – wenngleich grandiose – Natur war, in eine Allegorie des Lebens:

> Auf den Gipfeln ist das Ziel und das Ende unseres Lebens, auf ihn ist unsere Wallfahrt gerichtet.[31]

Der Humanismus hat nicht nur das Verhältnis des Menschen zur Natur verändert, er hat mit der Natur auch die Berge entdeckt – und mit dem Menschen jene Kreatur, die dazu bestimmt ist, sie staunend zu betrachten und zu bezwingen. Er hat, ungewollt, die Voraussetzungen geschaffen für jenen himmelwärts strebenden »Eroberungsalpinismus« und »Bergimperialismus«, der im 20. Jahrhundert seinen vorläufigen Höhepunkt erreichen sollte und gewissermaßen das Pendant zum industriellen Imperialismus der westlichen Zivilisation darstellt. Den Anasazi – soviel ist gewiß – wäre das Bergsteigen allein um des Bergsteigens oder der Begegnung mit dem eigenen Selbst willen nicht im Traum eingefallen. Wohl wissen wir kaum etwas über ihr Leben, ihre Gewohnheiten, ihre Sitten und Gebräuche oder ihre Religion; ihre Spur verliert sich im Dunkel des amerikanischen »Mittelalters«. Doch darf angenommen werden, daß sie einen so außergewöhnlichen Berg wie den Mont

Ventoux als Sitz der Götter verehrt oder als Wohnstätte dämonischer Wesen gefürchtet hätten. Allenfalls zu rituellen Zwecken wäre eine Besteigung für sie in Frage gekommen – um am Gipfel Geschenke niederzulegen oder heilige Handlungen zu vollziehen. Der Humanismus, freilich nicht nur er allein, hat in der Nachfolge des Christentums die (europäischen) Bergriesen – auch für Kelten, Germanen, Slawen und andere Völker heilige Stätten, Orte ehrfurchtsvoller Bewunderung – säkularisiert und eine Entwicklung eingeleitet, in deren Folge das Bergsteigen ritualisiert, der Aufstieg in eine Wallfahrt zur eigenen Seele quasireligiös verklärt wurde. Luis Trenker darf als bekanntester Exponent dieser Reritualisierung gelten, die anfänglich noch vieles von der uranfänglichen Verehrung bewahrt:

> Bergsteigen war früher, i möcht' fast sagen, eine Religion. I bin imma mit einer großen Ehrfurcht auf die Berge hinauf, ma hat die Berge verehrt wie etwas Überirdisches fast, die waren dem Himmel näher, und wenn man am Gipfel woa, da woa ma d'm lieben Gott und d'm Himmel näher.[32]

Für viele Alpinisten verwandelte sich der Ruf des Berges in einen Auf-Ruf, ihn mit aller Gewalt – mit Haken, Ösen, Seilen und eben Leitern – zu bezwingen. Und was sich dem Wanderer Petrarca noch als heiteres Ziel und als Gelegenheit zu Augenschein und innerer Einkehr dargeboten hatte: der Gipfel geriet im Zuge der alpinistischen Eroberung der Bergwelt vielfach zum Fixpunkt einer zwanghaften, technisch akzentuierten Bewährungsprobe, die nicht selten mit dem Leben bezahlt wurde. Die Geschichte des Bergsteigens ist auch eine Geschichte der Helden und ihrer Abstürze, der umjubelten Erstbesteigungen und lautlosen Tragödien in Schnee, Eis und Einsamkeit. Eine Geschichte von Himmelfahrt und Höllensturz, gottvertrauender Zuversicht und abgrundtiefer Verzweiflung. Berge sind Himmelsleitern, gewiß, weil ihre Gipfel den Himmel zu berühren scheinen. Himmelsleitern sind sie aber auch, weil das Besteigen dieser Granit- oder Basaltleitern mit der Gefahr eines tödlichen Absturzes verbunden ist. Dieser Absturz beendet die irdische Existenz des Alpinisten, zugleich eröffnet er jedoch – religiös-metaphysisch gewendet – die Möglichkeit des Aufstiegs auf eben jener Himmelsleiter, an deren Ende ein im wahrsten Sinne des Wortes »überirdisches« Glück, das Glück der Gerechten, den tödlich Verunglückten erwarten mag.

Es ist wohl dieser Wechsel von Kampf, Gipfelseligkeit und Todesgefahr, der wesentlich zur mythisch-philosophischen Verklärung des Bergsteigens beigetragen hat. Der beschwerliche, gefahrvolle, höchste Konzentration, höchstes Bei-sich-selbst-Sein erfordernde Weg zum Gipfel ist – schenkt man den zahlreichen Selbstzeugnissen Glauben – für viele ein Weg zu Gott, ein Weg tief hinein in das Geheimnis des Lebens und die eigene Persönlichkeit: ein Himmelsweg eben. Man befindet sich noch auf der Erde und hat sich doch für einen kurzen Augenblick, für die Dauer einer kleinen Ewigkeit, von ihr befreit. Man sucht nach Halt, nach einem Griff, einem Vorsprung und begegnet dabei sich selbst: seinen Ängsten, seinen Hoffnungen, seiner Macht und seiner Ohnmacht. In der Auseinandersetzung mit dem Berg überwindet der Mensch physische und psychische Grenzen – oder scheitert an ihnen. Wer seine Grenzen *über-* und die Naturgewalten *unter*schätzt, wer keine Einsicht zeigt und nicht rechtzeitig umkehrt, wer sich als »alpiner Fundamentalist« (Heiner Geißler) geriert und dem Berg seinen Willen aufzwingen möchte, ohne sich seinen Gesetzen zu unterwerfen, wer stur seinen eigenen Weg klettern will und die Zeichen, die Sprossen nicht achtet, die die Natur in den Fels gemeißelt hat, wird in der Gefahr umkommen, die Herausforderung nicht bestehen, die Last nicht schultern, die er freiwillig auf sich geladen hat.

Dort, wo Himmel und Erde sich berühren, »on the top of the world«, dort, wo einst die Götter wohnten, dort wohnt – jedenfalls für einen Großteil der Alpinisten – heute die Wahrheit: die Wahrheit des Seins, die Wahrheit des eigenen Lebens. Und wie damals, so ist der Berg auch heute noch für viele eine *axis mundi*: Mittelpunkt der Welt und Mittler zwischen den Welten, zwischen dem Irdischen und dem Göttlichen, dem Diesseits und dem Jenseits. Ein Ort mit anderen Worten, der zur Begegnung mit dem Göttlichen (ver-)führt – und sei es auch mit jenem Göttlichen, das in der eigenen Brust, im eigenen Herzen wohnt. Daß alpine Fundamentalisten die zart-blaue Himmelsleiter (*Polemonium caeruleum*) nicht beachten, die am Wegesrand wächst, daß sie jene steinernen »Himmelsleitern« ignorieren, die – als markante Anhöhen oder Erhebungen – in Städten und Mittelgebirgen ein beliebtes Ausflugsziel des Massentourismus sind, versteht sich von selbst. Daß sie freilich auch Hinmarsch und Abstieg nicht sonderlich schätzen, verbindet sie mit einem anderen passionierten Gipfelstürmer: mit Lenin.

Für den russischen Berufsrevolutionär, der sich in einer wenig bekannten Abhandlung »Über das Besteigen hoher Berge« als »hypothetischer Bergsteiger« *par excellence* präsentiert, zählt, wie für die alpinen Wettkampfsportler, einzig der Gipfel: die soziale und politische Revolution.[33] Allein aus diesem Grund stellt er das waghalsige Unternehmen ganz auf die Planung einer nüchternen Vernunft, die kein unnötiges Risiko einzugehen bereit ist und (politische) Alleingänge verurteilt. Für den politischen Alpinisten, nach dem sogar ein Siebentausender in Kirgisistan, der Pik Lenin, benannt ist, darf es kurz vor dem Ziel keine Umkehr geben. Seinen Kampfgenossen rät er daher zu einem »Aufschub der Besteigung ..., solange unser Plan nicht fix und fertig ist«.[34] Erst wenn die Route feststeht, die »unerhörten Schwierigkeiten und Gefahren« kalkuliert sind und die Expedition eine ausreichende Größe angenommen hat, kann es losgehen.[35] Daß Lenin die Truppe anführt, den Weg spurt und auftretende Hindernisse beseitigt, gehört sich für einen guten Bergführer, schließlich gilt es, den »col du communisme« zu erobern, und von dem gibt es bekanntlich keine Wiederkehr. Ein vorzeitiger Abbruch des Vorhabens – es darf an die revisionistischen Sozialdemokraten gedacht werden – wäre nicht nur mit Gefahren verbunden, sondern würde auch auf »jene besonders gehobene Stimmung« drücken, »die durch das unmittelbare Hinaufsteigen, direkt dem Ziel zu, entstanden war«.[36] Abwärts – so Lenins angeekelte Schlußfolgerung – muß »man sich mit der Langsamkeit einer Schildkröte fortbewegen und noch dazu rückwärts, ...weg vom Ziel«, für einen alpinen Fundamentalisten eine betrübliche Vorstellung.[37] Mit Gott hat dieses Unternehmen nichts zu tun, mit einer Leiter ins ganz und gar irdische Paradies sehr viel. Am Ende wartet auch auf die Bergsteiger der Revolution jenes Glück, von dem Jakob einst träumte: das Glück der Erlösung, das Glück ewigen Friedens und ewiger Harmonie. Von diesem Traum und diesem Glück ist in der Folge zu reden.

II. Der Himmel öffnet sich
Jakobs Traum und die Folgen

Das Urbild aller Himmelsleitern stammt aus dem Land, das in der jüdisch-christlichen Tradition bis zum heutigen Tag als das heilige bezeichnet zu werden pflegt, obwohl seine Geschichte immer wieder mit blutigen Lettern geschrieben wird und wurde. Auf der Flucht vor dem Zorn seines Bruders Esau, den er auf Anraten seiner – wohl einer höheren Eingebung folgenden – Mutter um sein Erstgeburtsrecht und den damit verbundenen väterlichen Segen gebracht hatte, legt sich Isaaks Sohn und Abrahams Enkel Jakob nach Sonnenuntergang zur Nachtruhe nieder. Im Traum erscheint ihm eine Leiter,

> die rührte mit der Spitze an den Himmel, und . . . die Engel Gottes stiegen dran auf und nieder, und der Herr stund oben drauf, und sprach: Ich bin der Herr, Abrahams . . . und Isaaks Gott; das Land, da du auf liegest, will ich dir und deinem Samen geben. Und dein Same soll werden wie der Staub auf Erden, und du sollst ausgebreitet werden gegen Abend, Morgen, Mitternacht und Mittag; und durch dich und deinen Samen sollen alle Geschlechter auf Erden gesegnet werden. (1. Mose 28, 12-14)

Ein Traum der Vergebung vielleicht, einem – unausgesprochenen – Flehen um Vergeltung folgend. Ein Traum der Offenbarung und Verheißung jedenfalls, und eine Himmelsleiter, die zwar auf der Erde steht und auf der Engel auf- und niedersteigen, die aber letztlich doch vom Himmel zur Erde herabgelassen wird, um die Greifbarkeit und Begreifbarkeit des vom Himmelsherrn Verkündeten, vor allem aber auch, um die unmittelbare göttliche Hinwendung zu dem offenkundig Auserwählten bildhaft werden zu lassen. Was im Adventslied Friedrich Spees von 1622 heiß erfleht werden sollte (»O Heiland, reiß' die Himmel auf!«), wird hier gnadenvoll gewährt – vielleicht, um die gottgewollte Schicksalhaftigkeit des erschlichenen Vatersegens nachträglich erkennbar werden zu lassen.

Die Geschichte der Offenbarungen und Verheißungen kennt mannigfache Gesten unmittelbarer göttlicher Zuwendung. Die Göttersagen des griechischen Altertums sind voll von ihnen. Kostbaren Intarsien gleich erleuchten sie das Schriftbild des Alten wie des Neuen Testamentes, die Hagiographien der frühen Christenheit wie des christlichen Mittelalters. Gott spricht nicht nur mit Adam und Eva, Noah und Abraham, Isaak und Jakob, Moses und Aaron. Er spricht auch mit Samuel und Salomon, mit Jeremias, Jesaja und allen Propheten, offenbart sich Johannes dem Täufer und den Jüngern, die Jesus auf den Berg der Verklärung begleiten. Seine Engel sendet er zur Jungfrau Maria und zu den Hirten, bis schließlich Jesus in seinem Namen spricht. Auch zu dem Christenverfolger Saulus spricht der Herr des Himmels – und zu Kaiser Konstantin vor der Schlacht an der Milvischen Brücke (312 n.Chr.), als er ihm im Traumbild das Siegeszeichen (*In hoc signo vinces*)[38] offenbart. Den Heiligen kündet er ihren Auftrag und weist er die Wege. Selbstzeugnisse wie das *Tolle, legge* (Nimm und lies!) in den »Confessiones« des Kirchenvaters Aurelius Augustinus wie auch zahlreiche Legenden berichten davon. Nirgendwo aber ist die göttliche »Herablassung« so augenfällig geworden wie im Traumbild der Himmelsleiter. Hier läßt der »Herr der Heerscharen« den Auserwählten nicht nur seinen Ratschluß wissen; in Gestalt einer Leiter – dem Instrument und Symbol der Über-

Michael Lukas Leopold Willmann,
Landschaft mit Jakobs Traum, um 1690

Jakobs Traum, Holzschnitt von 1476

windung von Höhenunterschieden – reicht er ihm gewissermaßen die Hand.

Mehr noch, und weiter ausgreifend als der Inhalt der an Jakob gerichteten göttlichen Botschaft, wird diese Geste selbst zur zukunftweisenden Verheißung – einer Verheißung, die das Bild der auf der Himmelsleiter auf- und niedersteigenden Engel nachdrücklich untermalt. Die Jakobsleiter zeigt sich so nicht nur als Gnadenweg für diejenigen, die von sich sagen können »Vom Himmel hoch, da komm ich her«, sondern auch als Hinweis auf die Möglichkeit menschlichen Aufstiegs in himmlische Höhen.[39] Nicht nur im ikonographisch exakten, sondern auch im spirituellen Sinne beginnt die abendländische Geschichte der Himmelsleiter recht eigentlich erst mit Jakobs Traum. Es ist die Geschichte eines nicht durch Tabus verstellten Aufstiegsweges – eines Aufstiegsweges, der deshalb auch in Bildsprache und Literatur immer wieder unbefangen nachgezeichnet wurde. War die Annäherung des Himmels an die Erde auch zuvor stets als schicksalhaftes Ereignis ehrfurchtsvoll hingenommen worden, so wurde die räumliche Annäherung von unten nach oben doch stets als gefährlich, wenn nicht als unziemlich oder gar als Hybris betrachtet. So berichtet das frühbabylonische Gilgamesch-Epos (um 2000 v. Chr.) vom gottgewollten Kampf Enkidus, des Herrschers von Uruk, gegen den frevlerischen Hüter des Zedernwaldes, Chumumba. Als Enkidu nach siegreicher Beendigung des Kampfes den zedernbewachsenen Götterberg besteigt, wird ihm von oben Einhalt geboten:

> Kehrt um! Euer Werk ist getan. Wendet Euch wieder nach Uruk, der Stadt, sie wartet auf Euch! Kein Sterblicher kommt auf den heiligen Berg, wo die Götter wohnen. Wer den Göttern ins Angesicht schaut, muß vergehn![40]

Eine ähnliche Situation wird dann im Alten Testament anläßlich der göttlichen Gesetzgebung auf dem Berge Sinai bezeugt. Hier spricht der Herr zu Moses:

> Mache dem Volk ein Gehege umher, und sprich zu ihnen: Hütet euch, daß ihr nicht auf den Berg steiget, noch sein Ende anrühret; denn wer den Berg anrühret, soll des Todes sterben.

Und später fügt er dann noch hinzu:

> Du und Aaron mit dir sollt heraufsteigen; aber die Priester und das Volk sollen nicht durchbrechen, daß sie hinaufsteigen zu dem Herrn, daß er sie nicht zerschmettere. (2. Mose 19, 12 und 24)

Artikuliert sich der Gott Israels in handfesten Warnungen, so faßt Platons Höhlengleichnis in der *Politeia* die schwierigen Verkehrsverhältnisse zwischen Himmel und Erde auf andere Weise. Von den mit (hypothetischer) Gewalt aus der Höhle der Bewußtseinsschatten ans grelle Sonnenlicht Gezerrten sagt er, daß sie »die Augen voller Strahlen« hätten und »nicht das Geringste sehen« könnten, weshalb sie denn auch der Gewöhnung bedürften, »um das Obere zu sehen«.[41] Wer also könnte es dem »eifrigen Gott« (2. Mose 20, 5) vom Berge Sinai verdenken, daß er bei der Gesetzgebung mit den bereits an sein Licht Gewöhnten allein sein wollte? Die Frage ist, was Moses im Verständnis der Schrift den Weg auf den Berg Sinai geebnet hat.

Betrachtet man den Gesamtzusammenhang der göttlichen Gewährungen, so wird ersichtlich, daß es die aus der Not aufsteigenden Bitten waren, daß es das »Gebet« war, das über eine ganze Folge von Nöten hinweg auch die Gesetzgebung »von Nöten« erscheinen ließ. Was Moses unter dem Druck seines nach dem Auszug aus Ägypten hungernden und deshalb wider seine(n) Führer »murrenden« Volkes erfleht hatte, wird vom Himmel gewährt – Fleisch (in Form eines Schwarms wilder Wachteln) und Brot (in Form des taugeborenen Manna). Daß das »Murren« für diese Himmelsgaben ursächlich war, bestätigt Gott ausdrücklich: »Ich habe der Kinder Israel Murren gehöret«, läßt er Moses wissen, und kündigt den Fleisch- und Brotsegen an (2. Mose 16, 12). Als dann das Volk aufs neue klagte, weil es Durst litt, »schrie Moses zum Herrn und sprach: Wie soll ich mit dem Volk thun? Es fehlet nicht weit, sie werden mich noch steinigen.« Wiederum wird ihm himmlische Hilfe in Form der Felsenquelle von Horeb zuteil (2. Mose 17, 1-6). Und wie schon nach der Durchquerung des Roten Meeres ist es die zum Himmel gereckte Hand (dieses Mal samt dem »Stab Gottes«), die schließlich auch den ihnen aufgezwungenen (ersten) Kampf der Israeliten gegen die

Marc Chagall, Jakobs Traum, 1960-66

Amalekiter entscheidet. Nicht nur Moses aber war in Not, sondern auch Jakob, als er auf der Flucht vor Esau – wohl in einer Art von Traumgebet – seinen Sinn zum Himmel wendet, der sich ihm dann auch tatsächlich öffnet. Die Wendung nach oben wird mithin zur Not-Wendigkeit schlechthin, zur Ausgangslage auch für das – im Bild der Himmelsleiter sinnfällig werdende – menschliche Aufstiegspotential. Nicht zuletzt Gefahren und Nöte sind es, die Himmelsleitern besteigbar erscheinen lassen – zumindest dann besteigbar erscheinen lassen, wenn dies mit karmischer Berechtigung und rechter Gesinnung geschieht.

Himmelsleitern sind und waren jedenfalls leichtes Gepäck – aus religionsgeschichtlicher Sicht wie geschaffen für nomadisierende Hirtenvölker. Und dies zumal für solche, in deren großräumigem Umfeld sich »der Tempel« als Institution, das heißt also urbane Priesterkulturen mit besonderer Himmelsbelegschaft, entwickelt hatte, wie dies im Einflußbereich Assurs und Babylons der Fall war und wie es nach dem Exodus auch für Israel charakteristisch werden sollte. Gegen den – insbesondere nach der israelitischen Landnahme im »Gelobten Land« – zunehmend zersetzenden Einfluß dieser Priesterkulturen auf die Religion der Väter galt es, die eigenen, schlichteren, aber in mancherlei Hinsicht auch machtvolleren Gottesvorstellungen unversehrt zu behaupten. Dafür, daß diese Bemühungen immer wieder herbe Rückschläge erfahren mußten, daß die soziokulturelle Integrität Israels stets aufs neue von religiösen Kontaktmetamorphosen bedroht war, liefert das Alte Testament eine Fülle von Belegen. Die Abfälle vom überkommenen Glauben und die von den Propheten als göttliche Strafe für solchen Frevel interpretierten politischen Einbrüche durchziehen wie ein roter Faden die Geschichte Israels. Auch das Traumbild Jakobs ist in diesem Zusammenhang zu sehen. Mit der Jakobsleiter ist es dem oder den Autoren des ersten Buches Mose zweifellos gelungen, den für die ganze Frühgeschichte des Volkes Israel charakteristischen Autarkievorstellungen ein Leuchtzeichen zu setzen, dessen kulturelle Auswirkungen bis in die Gegenwart hinein erkennbar sind.

Geschichtsmächtig geworden ist das Bild der Himmelsleiter dann vor allem im geistigen Bannkreis des Christentums. Schon der Evangelist Johannes läßt Jesus auf die Jakobsleiter Bezug nehmen:

> Wahrlich, wahrlich sage ich euch: von nun an werdet ihr den Himmel offen sehen, und die Engel Gottes hinauf- und herabfahren auf des Menschen Sohn. (Joh 1, 51)

Aus der Sicht der Christenheit wird Jesus damit nicht nur zum »wahren Jakob«, sondern gar selbst zur neuen Jakobsleiter, die kraft göttlicher Gnade zur Vermittlung von Himmel und Erde – zuletzt noch in Form des Kreuzes – aufgerichtet wird. So, wie er selbst »aus dem Himmel herabgestiegen« und schließlich wieder »in den Himmel aufgestiegen« ist (wie es im Credo der katholischen Meßliturgie heißt), so mag auch der Fromme an der Himmelsleiter Jesus Christus zum Reich des Heils emporsteigen. In einem – wohl um die Wende vom 16. zum 17. Jahrhundert entstandenen – Passionslied heißt es denn auch ausdrücklich:

> Du bist die sichre Leiter,
> darauf man steigt zum Leben,
> das Gott will ewig geben.

Und in den Schriften gottseliger Männer und Frauen wurde stets aufs neue versucht, den Sprossen dieser Leiter Stabilität und Profil zu geben. So schon in dem vielleicht berühmtesten dieser Werke, dem um die Wende vom 6.

zum 7. Jahrhundert entstandenen Werk »Klimax oder die Himmelsleiter« des Heiligen Johannes vom Sinai (auch Johannes Klimax oder Johannes von der Leiter genannt), dessen 30 Kapitel den Mönchen des Katharinenklosters die 30 Stufen des geistigen Aufstiegs verdeutlichen sollten und das dann im 7. und 8. Jahrhundert zu der – nach der Bibel meistgelesenen – Erbauungsschrift der zu jener Zeit noch nicht gespaltenen christlichen Ökumene wurde.[42] In einer Art von Vorwort zu seiner detaillierten Tugendlehre schreibt Johannes:

> Denen, die möchten, daß ihre Namen in das Buch des Lebens geschrieben werden, zeigt das vorliegende Buch mit aller Deutlichkeit den vorzüglichsten Weg auf. Wenn wir es studieren, werden wir herausfinden, daß es die ihm Folgenden leitet, ohne in die Irre zu führen, und sie vor jedem vernichtenden Fehltritt bewahrt. Es stellt vor uns eine befestigte Leiter auf, die beginnend vom Irdischen ins Himmlische führt und uns an ihrem Ende Gott offenbart. Diese Leiter war es auch, glaube ich, die Jakob, der Überwinder der Leidenschaften, auf seinem asketischen Lager ruhend erblickte (vgl. Gen 28, 10). Doch laßt bitte auch uns mit Eifer und Glauben den geistigen und himmelweisenden Aufstieg dieser Leiter beginnen. Ihre erste Stufe ist das Aufgeben alles Irdischen, ihre letzte aber der Gott der Liebe.

Noch deutlicher wird der an der Schwelle vom Mittelalter zur Neuzeit stehende Humanist Pico della Mirandola, der in seinem berühmten Werk »Über die Würde des Menschen« (*De dignitate hominis*) aus dem Jahre 1485 schreibt: »Belehren soll uns der allweise Vater . . ., dass eine Leiter in einer langen Reihe von Sprossen von weit unten auf Erden bis hoch hinauf zum Himmel reicht. Auf der Spitze ist der

Domenico Fetti, Jakobs Traum von der Himmelsleiter, um 1620

Sitz des Herrn, während betrachtende Engel abwechselnd auf- und niedersteigen. Wer, der das Gleiche tun möchte, indem er das Leben der Engel nachahmt, würde es wagen, die Gottesleiter mit schmutzigen Füßen oder mit nicht sauberen Händen zu berühren? ... Der Fuss der Seele ist zweifellos jener niedrigste Teil, der sich nur an die Materie anlehnt. Damit meine ich den Instinkt, der uns Nahrung zuführt, den Zündstoff der Lüsternheit und den Lehrer der Wollust.«

Offen bleibt in diesem Text, ob es sich beim »Herrn« um Gottvater oder um Christus, den gesalbten Sohn Gottes, handelt, der aus christlicher Sicht zu einer Art Mensch gewordener Himmelsleiter transfiguriert wird. Daß jedoch die Transfiguration der Lichtgestalt des Christentums zur Mensch gewordenen Himmelsleiter in gewissem Sinne wieder vom Traumbild Jakobs wegführt, ist unverkennbar. Mohammed ist insoweit »fundamentalistischer«, als er – in der 70. Sure des Koran (1-5) – allein Allah als den »Herrn der Stufen« apostrophiert, »auf welchen die Engel zu ihm hinaufsteigen«.[43] Im christlichen Kontext jedoch rückt in Verbindung mit dem biblischen Gründungsauftrag an Petrus unversehens wieder »der Tempel« ins Blickfeld. Nunmehr erscheint er in Gestalt der christlichen Gemeinden (*ecclesiae*), die sich zwischen die – durch Jakob verkör-

Darstellung eines Zikkurat-Baues auf einem altsumerischen Siegelbild

perte – *conditio humana* und die – durch die kirchliche Heilsvermittlung erschlossene – *conditio divina* schieben. Wieder wird die »A(a)r-mut« – der sich in höchste Höhen aufschwingende Adlermut – des in einer existentiellen Notsituation befindlichen Menschen zum Reichtum eines institutionellen Systems der Verwaltung und Vermittlung verbogen. Wieder wird die unmittelbare Großartigkeit des – eine nicht minder unmittelbare Antwort erfahrenden – *appeal to heaven* (John Locke)[44] umgeleitet, wird der religiöse Autarkietraum aufgegeben. Gerade dieser Autarkietraum aber bildet seit eh und je das Faszinosum der Jakobsgeschichte; gerade er hat dem Bild der Jakobsleiter seine Strahlkraft bis heute bewahrt. Für das über weite Zeiträume hin in existentieller Gefährdung lebende Volk Israel, das zunächst durch die ägyptische Bedrückung, später durch Assur und Babylon, schließlich durch Rom in seiner soziopolitischen Entwicklung und Verfaßtheit teils beschnitten, teils zerrüttet und schließlich in eine weltweite Diaspora getrieben wurde und sich erst nahezu zwei Jahrtausende später wieder politisch formieren konnte, ist das Bild der Jakobsleiter stets ein Leuchtzeichen geblieben. Zu einem bis heute fortwirkenden Symbol der Hoffnung wurde sie jedoch – jenseits aller christologischen Allegorik – auch für die Christenheit. Schließlich kann sich jeder einzelne, dem das Bild vertraut ist, zumindest in Grenzsituationen einer solchen Himmelsleiter anvertrauen, so schwankend sie auch erscheinen mag.

Die bildliche Spiegelung der Jakobsleiter in Kunst und Literatur reflektiert zugleich auch die Vielfalt der menschlichen Lebensverhältnisse, aus denen heraus Himmelsleitern errichtet werden können. Da gibt es den – in einem syrischen Steinrelief dargestellten – asketischen Säulenheiligen (Sy-

Symeon Stylites auf der Säule, Basaltrelief, Syrien, 5./6. Jahrhundert

meon den Älteren), dem die an seine luftige Behausung angelegte Leiter zur Himmelsleiter wird, oder auch den – von Botticelli und Domenico di Michelino gemalten – Berg der Läuterungen, den Dante in seiner »Divina Commedia« vor den Augen des Lesers erstehen läßt. Da gibt es die helle Leiter, die der in einer Ecke kauernde, wohl zwischen Bangen und Hoffen schwankende, einäugige Zyklopenmensch von Horst Antes auf einem Blatt der Serie »Ecce Homo« im Blick hat – oder auch die den Verfolgten und Heimatlosen zur ikonographisch fixierten Himmelsleiter werdende

Neugründung des Staates Israel auf dem vierteiligen Basrelief des jüdischen Künstlers Naphtali Bezem in der Jerusalemer Holocaust-Gedenkstätte Jad Vaschem. Und da gibt es natürlich auch die vielfältigen literarischen Anspielungen auf die Himmelsleiter, die sie nicht nur als altbewährtes Symbol der Hoffnung, sondern etwa auch schlichtweg als Zubehör zum persönlichen Glücksidyll erscheinen läßt. Dieses freilich sieht für einen jeden wieder anders aus. Als etwas recht Handfestes erscheint die Himmelsleiter im »Waldbruder« des nach der Ausweisung aus Weimar unstet und verarmt durch Europa schweifenden Dichters Jakob Michael Reinhold Lenz (1751-1792), dem Georg Büchner 1835 in der Novelle »Lenz« ein spätes Denkmal setzen sollte. Im zweiten Teil des Werkes (achter Brief) schreibt Herz an Roter:

> Eben erhalte ich einen wunderbaren Brief von einem Obristen in hessischen Diensten, der ehemals mit mir in Leipzig zusammen studiert hat, und mir die Stelle als Adjutant bei ihm anträgt, wenn ich ihn nach Amerika begleiten will. Wie, Rothe! Dieser Sprung aus dem Schulmeisterleben auf die erste Staffel der Leiter der Ehre und des Glücks, der Himmelsleiter, auf der ich alle meine Wünsche zu ersteigen hoffe. Was sagst Du dazu? Und ihr Bild nehme ich mit. Mit diesem Talisman in tausend bloße Bajonetter zu stürzen – Ha, Rothe, daß Du fühlen könntest, wie mir das Herz schlägt!

Karriere und Ehre also werden hier als Himmelsleiter beschworen. Und in einem gleichnamigen Gedicht des Schweizer Dichters Gottfried Keller (1819-1890) gerät sie zur neobarocken Allegorie – die Himmelsleiter als Liebesidylle:

Müde saß ich in der Dämmrung
Von des Tages Lärm und Staube,
Eingelullt von Abendsäuseln,
Schlummernd in der Rebenlaube;
Da begann von Licht und Blumen
Gar ein seltsam schimmernd Weben
Und ein Spielen vor den Augen
Gleich dem Ranken goldner Reben.

Rote Rosen, weiße Rosen,
Primeln, Tulpen und Narzissen,
Sterne, Kelche hundertfarbig
Sah ich durcheinander sprießen.
Purpur, Gold, Azur und Silber
Flimmerten in Wechseltönen,
Lila, Rosa, zartes Laubgrün
Mußten Glanz mit Glanz versöhnen.

O, das war ein schöner Reigen,
Wie die Farben all' ihn tanzten,
Wie die Blütenstern' und Glocken
Kreisend sich in Beete pflanzten!
Aber in den Wundergarten
Senkte eine Jakobsleiter
Von zwei Strahlen sanft sich nieder
Aus zwei Sternen bläulich heiter!

Kleine blonde Liebesengel
Schwebten daran auf und nieder,
Stiegen in den blauen Himmel,
Kehrten in mein Herze wieder,
Weckten andre Engelknaben,
Welche träumend drinnen schliefen

Und darauf mit jenen spielend,
Kosend durch die Blumen liefen.

Und die aus dem Himmel kamen,
Wollten meines Herzens Kinder
Ringend mit sich aufwärts ziehen;
Aber diese auch nicht minder
Hielten stand und kämpften wacker,
Bis sie jene bald umschlangen,
Hielten sie in meines Herzens
Beiden Kämmerlein gefangen.

Oben auf der Himmelsleiter
Eine klare Seele schwebte,
Die halb scheltend, halb mit Lächeln
Sie zurückzulocken strebte;
Doch es schien mir im Gefängnis
Ihnen leidlich zu gefallen,
Denn ich sah, der Herrin trotzend,
Bunt sie durcheinander wallen.

Und sie mußte sich bequemen,
Endlich selbst herabzusteigen,
Sah sich plötzlich bang umschlossen
Mitten in dem frohen Reigen.
Doch für all den Kinderjubel
Ward das Herz zu eng und nieder,
Klingend sprangen auf die Pforten,
Sprangen auf die Augenlider.

Sieh! Da standest du, auf meine
Schläferaugen schweigsam schauend,
Vorgeneigt und unbefangen,
Auf den festen Schlaf vertrauend;

Domenico di Michelino, Dante als Dichter der »Göttlichen Komödie«, 1465

Wurdest rot und flohst vorüber,
Fast wie Schwalbenflügel summend
Und vergeblich dein Geheimnis
In der Dämmerung vermummend!

Fliehe nur, verratne Seele,
Trostlos durch des Gartens Blüten!
Suche stärkre Zauberdrachen,
Deines Busens Schatz zu hüten!
Töricht Kind! Nun magst du immer
Dreifach deinen Mund verschließen,
Unerbittlich aus den Augen
Seh' ich Liebesengel grüßen!

Als Idylle aber – zumal als irdische Idylle, die in den »siebten Himmel der Liebe« führt – galt die Himmelsleiter in aller Regel weder den mit der Metapher spielenden Wort- und Bildkünstlern noch den zahllosen Gottsuchern, die sich von der biblischen Jakobsgeschichte inspirieren ließen. Soweit es ihnen nicht unmittelbar um Gottesfürchtigkeit, Gottesliebe und Erlösungssehnsucht ging, so hatten sie doch zumeist nicht irgendwelche irdischen Glücksgüter, sondern Ätherisches im Sinn. Besonders klar kommt dies in einem »Werkspruch« des Dichters Richard Dehmel (1863-1920), eines der Wegbereiter des Expressionismus in Deutschland, zum Ausdruck:

Was Natur in trüben Bächen
still durch Tier und Menschheit gießt,
Dichtermund will's heilig sprechen,
bis es klar zur Gottheit fließt.

Echo von der Himmelsleiter,
Langsam klingt's auf Erden weiter.

Wort, an das wir redlich glauben,
endlich, tönt es selbst dem Tauben.«

An Töne dachte auch schon der Romantiker Clemens Brentano (1778-1842), als er in »Des Knaben Wunderhorn« (1806), seiner großen – mit Achim von Arnim herausgegebenen – Volksliedersammlung, schrieb:

> Es wird uns, die wir vielleicht eine Volkspoesie erhalten, in dem Durchdringen unserer Tage, es wird uns anstimmend seyn, ihre noch übrigen lebenden Töne aufzusuchen, sie kommt immer nur auf dieser einen ewigen Himmelsleiter herunter, die Zeiten sind darin feste Sprossen, auf denen Regenbogen-Engel niedersteigen, sie grüßen versöhnend alle Gegensätzler unsrer Tage und heilen den großen Riß der Welt, aus dem die Hölle uns angähnt, mit ihrem Zeigefinger zusammen. Wo Engel und Engel sich begegnen, das ist Begeisterung, die weiß von keinem Streit zwischen Christlichem und Heidnischem, zwischen Hellenischem und Romantischem, sie kann vieles begreifen und was sie begreift, ganz, und rein, ein Streit des Glaubens wird ihr Wahnsinn, weil da der Streit aufhört, wo der Glaube anfängt; noch wahner der Streit über Kunst, welche nur ein Ausdruck des ewigen Daseyns. Wo Kugel auf Kugel trift, da sinken beyde einträchtig zusammen, wie die Hexameter zweyer Homeriden. Wen die Musik nur einmal wirklich berührt, den drängt und treibt sie etwas aufzusuchen, was nicht Musik, worin sie ihre vorübereilende Macht binden kann.

Nicht selten wird die Himmelsleiter aber auch zur mehr oder minder beliebig einsetzbaren poetischen Chiffre. So etwa in Jean Pauls (1763-1825) Prosastück »Kompaßmuschel« aus dem Roman »Flegeljahre« (1804/05). Dem »auf

Neugotischer Bauernschrank, Südostbayern, 1864

der hellen Gasse ... wankenden Notar« wird da »etwas aus den Händen gezogen, etwa ein ganzer brennender Christbaum oder eine Himmelsleiter, die er an die Sonne anlegen wollte«. Und auch in Brentanos Märchen »Gokkel, Hinkel und Gackeleia« taucht diese luftige Chiffre völlig unvermittelt auf:

Alle patschten in die Hände
Und das Mährchen schien am Ende
Selbst ganz artig zugespitzt
Ja ein kleines Sternchen blitzt
Unten an der Himmelsleiter
Unter einem – und so weiter;
Und dies heißt: der kleine Stern
Plauderte noch gar zu gern.

Eine Himmelsleiter wenn nicht aufzurichten, so doch wenigstens im Blickfeld zu behalten scheint zu den Grundbedürfnissen vieler Menschen zu gehören. In einem liebenswert-schlichten Gedicht des schwäbischen Malerpoeten Karl Stirner (1882-1943) gibt sich dieses Bedürfnis als schiere Selbstverständlichkeit:

Bin gern allein.
Ich brauch' nicht viel,
Nur einer Birke
Blättleinspiel,
Ein Aug voll Wiesengrün
Im Sonnenschein;
Vielleicht noch einen Vogelruf
Und eine Jakobsleiter.
Was brauch' ich weiter.[45]

In deutlichem Gegensatz zum Innigkeitston des bescheidenen Schwaben steht die assoziationsreiche Lyrik Karl Krolows (1915-1999). Auch in dessen kühl-vager Metaphorik verbleibt die Himmelsleiter jedoch ein »luftiges« Element wenn nicht der seelischen Grundausstattung des Dichters, so jedenfalls seines sprachlichen Überlieferungs- und Verfügungsraumes. In einem Poem mit dem Titel »Wo das Auge endet« aus dem Jahre 1953 sieht er »aus Luft eine Leiter«:[46]

Wo endet das Auge?
Leicht hinter der Linie
Des Horizonts, glücklich
Im Licht der Glyzinie,

Im blauen Gewoge
Des Himmels, im Garten,
Korbweidenumstanden,
Beim Mittagserwarten.

Darüber die Tiefen
Des Jenseits, erraten
Vielleicht noch: gespenstisch
Vom toten Soldaten

Und Engeln bevölkert,
Die unsicher fliegen,
Mit Bildern, die hinter
der Netzhaut schon liegen.

Wo endet das Auge?
Beim heiteren Raunen
Der Nähe, des Daseins. –
Im rauschenden Bestaunen
Der leuchtenden Fläche
Verlangt es nicht weiter.
Es weist ihm nach oben
Aus Luft eine Leiter.

Und in Hilde Domins Begleitspruch zu ihrem Gedichtband »Nur eine Rose als Stütze« (1956) verdichtet sich die kunstvolle Beliebigkeit zur ebenso hoffnungsvollen wie »tragfähigen« Sprachikone:

Ich setzte meinen Fuß in die Luft
Und sie trug.

III. Babylon ist überall
Zur Wechselwirkung von Aufstieg und Fall

Welcher Sterbliche wäre ohne weiteres in der Lage, eine Leiter zu bauen, die dorthin reicht, wo nach dem Glauben vieler Völker alles begann und alles endet? Himmelsleitern lassen sich – man muß es nachdrücklich betonen – nicht eigentlich herstellen, wohl aber vorstellen! Und so sind denn im Laufe der Menschheitsgeschichte in vielen Kulturen unzählige Arten von »geistigen« Himmelsleitern erstanden – gemeißelte und gemalte, erdichtete und niedergeschriebene, in Töne und Noten *ge*faßte wie in Traumgesichten *er*faßte. Und nicht weniger Himmelsleitern sind angelegt worden an jene mehr oder minder hochragenden, bald dichten, bald lichten Wolkenwände, die die Welt der Unsterblichen dem Auge der Sterblichen entziehen. Ob die Wolkenwände dann aber hielten, was sie zu versprechen schienen, ob die Leitern standfest und besteigbar wurden, blieb nicht allein in menschlicher Hand. Oft genug mochte sich so mancher Himmelstürmer deshalb auch die Frage stellen, die Johannes Poethen in einem Gedichtband stellt: »Wer hält mir die Himmelsleiter«.[47] Friedrich Nietzsche (1844-1900) hat diese Frage auf seine Art beantwortet. In den letzten beiden Strophen des – von ihm als Tanzlied bezeichneten – Gedichts »An den Mistral« wird die Erstürmung der Himmelsleiter als eine Art von Seelensport, als psychischer Hochleistungsakt, empfohlen:

Jagen wir die Himmels-Trüber,
Welten-Schwärzer, Wolken-Schieber,
Hellen wir das Himmelreich!
Brausen wir . . . o aller freier

Geister Geist, mit dir zu zweien
Braust mein Glück dem Sturme gleich.
Und daß ewig das Gedächtnis
Solchen Glücks, nimm sein Vermächtnis,
Nimm den Kranz hier mit hinauf!
Wirf ihn höher, ferner, weiter,
Stürm empor die Himmelsleiter,
Häng ihn – an den Sternen auf![48]

Die Himmelsleiter so empor zu stürmen konnte wohl nur jemand ins Auge fassen, der den Himmel der »Hinterweltler« als willige Beute sturmschneller Eroberung, als ein tänzerischer Landnahme harrendes Geistgelände sah. Friedrich Nietzsches Appell an den Glücklichen, das Glück Versuchenden ist freilich denkbar ungeeignet zur Illustration jenes Bewegungsstils, der zur Besteigung von Himmelsleitern gemeinhin als erforderlich galt. Der kulturellen und spirituellen Tradition des Abendlandes entsprach er jedenfalls nicht. Nicht das ungestüme Drauflosstürmen, sondern das bedächtige Einen-Fuß-vor-den-anderen-Setzen erscheint seit je als die angemessene Art der Fortbewegung. Ihr entspricht eine Haltung mehr oder minder gottesfürchtiger und gottseliger Demut und Bußfertigkeit,

Wandteppich, um 1990,
Dorothee Mayer-Tasch, Die Himmelsleiter

eine – wenn vielleicht auch verhaltene – Reue- und Läuterungsbereitschaft, wie sie schon die Geschichte Jakobs erahnen läßt. Tatsächlich hat das Element der Läuterung den Ideenkreis der Himmelsleiter von Anfang an begleitet. Als der Herr vom Berge Sinai Moses sein Kommen ankündigt, gebietet er ihm, sein Volk zu Reinigungsriten anzuhalten. »Moses«, heißt es dann, »stieg vom Berge zum Volk und heiligte sie, und sie wuschen ihre Kleider. Und er sprach zu ihnen: Seid bereit auf den dritten Tag, und keiner nahe sich zum Weibe« (2. Mose 19, 14-15). Selbst die Annäherung an den Fuß der – von Moses dann stellvertretend für das ganze Volk zu besteigenden – Himmelsleiter Sinai wird also an Reinigungsgebote gebunden. Und auch in der Folge sind es stets äußere Reinigungsriten, die die Annäherung an das Numinose begleiten. Rituelle Waschungen bei Essenern und Mohammedanern sind in diesem Zusammenhang zu nennen – aber auch die Aufnahme des Neugeborenen in die Christengemeinde durch Weihewaschung und Salbung, sowie auch die überkommene Aufnahme und Austeilung des Weihwassers beim römisch-katholischen Kirchgang. Selbst das im christlichen Kulturkreis überlieferte Freitags- oder Samstagsbad vor dem ›Tag des Herrn‹ dürfte in diesem Licht zu sehen sein. Und erst recht natürlich gehören die inneren Läuterungsriten in diesen Kontext: das gemeinsame Schuldbekenntnis in der Gemeinde, die Ohrenbeichte und die priesterliche Absolution. Und im Rückblick auf das Neue Testament: die – auch von Jesus empfangene – Taufe im Jordan und die zur Fußwaschung genutzten Reuetränen der Maria von Magdala samt der ihr gewährten Vergebung. Mit der Schilderung des Läuterungsberges hat Dante Alighieri dem Gedankenkreis in seiner »Göttlichen Komödie« facettenreiche Gestalt verliehen. An die auf dem Läuterungsweg allzu Zögerlichen läßt er im zweiten Gesang des *Purgatorio* die Mahnung ergehen:

Warum denn dieses Säumen, dieses Halten?
O lauft zum Berg, und seid der Schuppe feind,
Die euch verwehrt, zu schauen Gottes Walten![49]

Dies Säumen freilich ist kaum verwunderlich, wenn man bedenkt, »daß zwischen Lerici und Turbia / der schroffste Absturz ist nur eine Stiege, / bequem und zugänglich dagegen ja«,[50] wie wir aus dem dritten Gesang erfahren. Dante selbst jedoch läßt sich nach eigenem Bekenntnis »aus Liebe zu den höchsten Sprossen«[51] von Vergil, seinem Führer auf den »heil'gen Berg«,[52] so sehr animieren, »daß ich ihm nach auf allen vieren bin«.[53] So jedenfalls steht es im vierten Gesang, so daß sich der Leser der »Divina Commedia« keine weiteren Sorgen um das Seelenheil des ver- und gejagten Dichters zu machen braucht.

In Dantes Dichtung ist das Bild des mittelalterlichen *homo viator* unvergänglich Literatur geworden – das schon von dem Kirchenvater Augustinus in seinem Werk *De civitate Dei* aus dem Jahr 411 entworfene Bild des auf dem Himmelsweg befindlichen Pilgers durch Zeit und Raum. In Form der mehr oder minder beschwerlichen Wallfahrten zu heiligen Orten wie Rom oder Santiago de Compostela hat das christliche Mittelalter ein Sühne- und Reinigungsritual entwickelt, das (wenn auch in erheblich abgeschwächter Form) bis auf den heutigen Tag fortwirkt. Jede Station der Pilgerreise dieses – in der mittelalterlichen Ikonographie mit Mantel, Stab und Muschelhut ausgerüsteten – Wanderers zu Gott wird ihm zur ersehnten Sprosse auf seiner Himmelsleiter. Was Jesus von Nazareth nach dem Zeugnis der Evangelien und dem Glauben der Christenheit

Sandro Botticelli, Der Höllentrichter, illustriertes Pergament zu Dantes »Göttlicher Komödie«, um 1480-95

durch die Besteigung der für ihn höchstpersönlich gezimmerten Schmerzensleiter gewährt wurde – die Aufnahme in den Himmel nämlich –, suchte sich der fromme Christ auf seiner ebenfalls höchstpersönlichen Pilgerschaft zu erwerben. Ein Gedanke dies, der auch anderen Religionskulturen vertraut ist: den gläubigen Moslems auf ihrer Pilgerreise nach Mekka wie auch den Hindus und den Buddhisten auf der Wanderschaft zu den heiligen Stätten ihrer jeweiligen Religion. Die ein- oder mehrmalige Pilgerreise wie auch die als lebenslange Aufgabe verstandene Pilgerschaft wird mithin zur Transfiguration der Himmelsleiter, die sich auf diese Weise wie von ungefähr in einen spirituellen Gebrauchsgegenstand verwandelt.

Mit einem Anflug von Frivolität – und gewissen Vorbehalten – darf man den Aufstieg auf der Himmelsleiter als überirdisches Gegenbild zu dem bereits erwähnten altbayerischen Brauch des »Fensterlns« sehen, der, bestenfalls, ein ganz und gar irdisches Paradies im Auge hat. Das Glück, das der Sprosse um Sprosse auf der Himmelsleiter nach oben Steigende erwarten zu können hofft, ist nicht von dieser Welt. Es ist ein im wahrsten Sinne des Wortes über-irdisches Glück, das Glück der Seligen und der Heiligen, der vom Himmel Erhörten und Erhöhten. *Erhörung* und *Erhöhung* sind im Symbol aufs engste miteinander verbunden. Vergessen wir nicht den Umstand, daß die Leiter *zwei* Enden hat. Daß sich der Himmel unversehens öffnen kann, um hilfreiche Engel herabzusenden oder wie im Adventslied (»Tauet, Himmel, ... den Gerechten, ... Wolken regnet ihn herab«) sonstige Gnadengeschenke regnen zu lassen, gehört ebenso zum Bild der Himmelsleiter wie die Möglichkeit, in Vorstellung, Gebet und gläubigem Vertrauen eine Leiter aufzurichten, an der die eigenen Hoffnungen und Befürchtungen zum Himmel steigen. Nikolaus von Kues (1401-1464) war es – der universal gebildete Reformtheologe und Bischof von Brixen –, der in seinem Traktat über die Gottessuche (»De quaerendo deum«) diese Vision eindrucksvoll beschwört:

> Das Sehen birgt ein Abbild und Gleichnis des Weges, auf dem der Sehende einherschreiten soll. Wir müssen daher die Wesensart des sinngebundenen Sehens vor dem Auge der geistigen Schau entfalten und uns daraus eine Stufenleiter für den Aufstieg zu Gott herstellen.[54]

Während für Cusanus die »innere Schau«, das Sehen also, den Himmelsweg weist, ist es im neuplatonisch beeinflußten, mystischen Weltbild des englischen Dichters und Malers William Blake (1757-1827) das Hören, das die aufsteigenden Ordnungen des Seins erschließt. Auf einem Gemälde mit dem Titel »Jakobsleiter« windet sich eine Spiraltreppe zum Firmament, auf der ätherisch anmutende Gestalten auf- und niedersteigen.[55] Das Bild scheint auf die Anatomie des Ohres anzuspielen, dessen Gehörgänge Blake als »die sich endlos wandelnden spiraligen Aufstiege zu den Himmeln der Himmel« apostrophiert. Inspiriert worden sein könnte er dabei von dem esoterischen Visionär Emanuel Swedenborg (1688-1772), dessen Schriften er kannte und der die Öffnung des inneren Ohrs zur unabdingbaren Voraussetzung für die Annäherung an höhere Wesenheiten erklärt hatte. In beiden Fällen gilt: Wer den Aufstieg vollendet hat, den erwartet am Ende das letzte Ziel aller Aufstiegsmühen – der meditative Einzug in das *Castillo interior* (Teresa von Avila); und dieser bedeutet dann zugleich auch den Einzug in das »Haus Gottes«, die Ankunft in *Beth-El*.

Auf diesen Einzug kommt es an, und wo immer wir auf das Symbol der Himmelsleiter stoßen, waltet im Hintergrund das Verlangen nach Gott, nach Teilhabe am und Zugang zum Göttlichen. Daß im Bild der Himmelsleiter Teilhabe, Kommunikation, ja Kommunion verheißen, nicht jedoch garantiert sind, deutet die latente Ambivalenz des Symbols an. Kehren wir noch einmal zu Johannes Klimax und seiner 30sprossigen *Tugendleiter* zurück: In einer Darstellung aus dem 13. Jahrhundert stürzt ein Teil der Mönche, von mit Pfeil und Bogen bewehrten Teufeln, die die Laster verkörpern, an Stricken gezogen, in die Tiefe, während der sündlose Rest dem an der Spitze voranschreitenden Abt folgt, die Hände zum Gebet gefaltet. Jede Sprosse verkörpert eine Tugend, die ausüben muß, wer Aufnahme im Himmelreich finden will. Jeder Tugend entspricht freilich auch ein Laster, vor dem es sich in acht zu nehmen gilt, soll der Aufstieg gelingen. Nur im mühseligen Kampf mit den Mächten des Bösen ist die Himmelsreise zu bewältigen, und nur die Tugendhaften geraten nicht ins Straucheln und Stolpern, entgehen dem Absturz ins Nichts, in die Hölle. Daß insbesondere am Anfang jeden Aufstiegs der Kampf mit dem *Drachen* (als dem Inbegriff des Bösen) steht, daß, wer den Himmel gewinnen will, zuerst dem Drachen unter die Füße treten, das in jedem einzelnen lauernde Ungeheuer besiegen muß, gehört zu den Grundmotiven der christologischen Leitersymbolik, die sich auch in der Kunst niedergeschlagen haben.[56]

Vom »Doppelstrom des Göttlichen« spricht auch Romain Rolland in seinem Buch über »Das Leben des Ramakrishna«: »Jene Jakobsleiter aber, auf der vom Himmel zur Erde, von der Erde zum Himmel, unablässig der Doppelstrom des Göttlichen im Menschen aufsteigt und absinkt, sie ist die eigentliche Geschichte . . .«[56a]

Der Weg zu Gott führt über die Tugend, vor allem über die Tugend des Gebetes, des Gottvertrauens und der Weltentsagung. Es ist ein Weg vor allem für Asketen, Mönche und Mystiker – aufs schönste bezeugen dies die Klöster der Kartäuser und Zisterzienser, Orte tugendsamer Praxis und geistiger Höherentwicklung, die daher auch *scala dei* (Leiter Gottes) genannt werden. Wir berühren hier einen wichtigen Punkt der Himmelsleitersymbolik, den es festzuhalten gilt: Selbst die (Leiter der) Tugend, so unverzichtbar sie ist, kann die Gewißheit des Aufstiegs nicht verbürgen; dies vermag allein das »Seil der Gnade«. Eine Abbildung aus dem *Breviculum* des berühmten Logikers Raimundus Lullus (1232-1316), die nicht zuletzt deshalb interessant ist, weil sie eine deutliche Absage an den scholastischen Intel-

Kölner Domhandschrift 263, fol. 168v: Jakobs Traum als Zierleiste eines Antiphonars, um 1350

lektualismus enthält, weist hier den Weg: Die *Leiter der Vernunft* endet an den Zinnen eines Turmes, der von einer die Dreifaltigkeit bergenden und von Engeln getragenen Glorie gekrönt wird. Zwischen den Zinnen reckt sich eine Hand heraus, die fest ein Seil umklammert. Es ist die Hand Gottes, die am Ende der Vernunft auf die Sprünge und in die Höhe hilft, läßt sie doch jenes Gnadenseil herab, an dem Intellekt, Gedächtnis, Wille und die (sieben) Tugenden baumeln. Vernunft alleine – dies die Botschaft des Bildes – hilft zur Seligkeit nicht weiter. Gewiß: Die Sprossen der *Vernunftleiter* stellen sichere, jeden Zweifel ausräumende Erkenntnisprinzipien dar; allein, sie reichen nicht bis an das Himmelreich heran. Die Vernunft vermag den Weg nicht bis zum Ende zu gehen; mit Vernunft alleine, vernünftig also, ist Gott nicht beizukommen. Die letzte Weisheit ruht *in* Gott, Gott *ist* die Weisheit, *ist* das aller Menschenkraft und Menschenmacht unerreichbare Ende der Schöpfungs- wie der Erkenntnisleiter; von seiner Gnade hängt ab, wer Aufnahme ins himmlische Paradies finden wird. Ohne sie, ohne den göttlichen Zuspruch bleibt die Vernunft blind, Erkenntnis eine Illusion.

Dies soll nicht etwa heißen, daß auf Tugend und Vernunft, ja auf die Tugend der Vernunft, gänzlich verzichtet werden könnte – Raimundus Lullus hat wie kaum ein anderer an der Entwicklung einer *ars generalis* gearbeitet, die jeden Irrtum, jeden Zweifel auszuschließen erlauben sollte. Freilich ist Vernunft nicht mit Weisheit und Einsicht gleichzustellen. Der Intellekt mag die Schöpfungsleiter, die vom Mineralreich bis hinauf zu Gott reichende Schöpfungstreppe, auf und ab wandeln, der Weisheit jedoch wird nur teilhaftig, wer sich vom Glauben leiten läßt und zuletzt statt auf die Logik auf die (göttliche) Kraft der Meditation vertraut. Über den Aufstieg befinden allein die Götter. Wer in ihrer Gunst steht, der braucht keine Leiter mehr, den trägt am Ende gar die Luft. Wie von selbst verschränken sich dem Gläubigen der Götter Arme zu Sprossen, auf denen er zum Himmel emporsteigt, verwandeln sich dem Meditierenden die meditativ gewonnenen Einsichten in Stufen einer spirituellen Einweihung – weshalb die Leiter in vielen Religionen bzw. Mysterienkulten denn auch zu einem Symbol (und Medium) dieser Einweihung, zum Symbol (und Medium) einer sukzessiven Steigerung oder Entwicklung geworden ist. Asketen, Mönche, Mystiker: sie alle wollen aus ihren Taten eine Himmelsleiter errichten – und geben sich zu diesem Zweck gänzlich in die Hand eines Gottes, der sie auf diesem »schwierigen Weg« führen soll.[57]

Diese Überzeugung von der Notwendigkeit einer Aufhebung der Vernunft durch die Mystik läßt sich bis in die frühe Neuzeit hinein verfolgen. Ins Schlüsselbild der Himmelsleiter wurde sie – stellvertretend für die magisch-okkultistischen Strömungen des frühen 17. Jahrhunderts –

von dem englischen Arzt Robert Fludd (1574-1637) gebannt. Der Paracelsist, geistige Vater der Freimaurerei und Verfasser eines umfangreichen synkretistischen Schrifttums besaß, was seiner Zeit in ganz besonderer Weise zu eigen war: einen ausgeprägten Sinn für die Allegorisierung von Worten, Gedanken und Ideen. Im 1619 veröffentlichten zweiten Band seiner Schrift *Utriusque cosmi maioris scilicet et minoris metaphysica, physica atque technica historia* findet sich die Darstellung einer Himmelsleiter, deren Stufen, analog den stufenförmigen Anordnungen des Makrokosmos, verschiedenen menschlichen Erkenntnisvermögen (*sensus*, *imaginatio*, *ratio*, *intellectus*, *intelligentia*) entsprechen. Die letzte Sprosse trägt die Bezeichnung *verbum*, womit zum Ausdruck gebracht werden soll, daß die eigentliche Wahrheit im göttlichen Logos beschlossen liegt, welcher nicht durch rationale Lektüre, sondern allein in der Meditation zu erfassen ist.[58] Gott selbst ist und bleibt unerfaßbar, weshalb die Leiter denn auch nur an den Wolkensaum, bestenfalls noch »an das Sternenhaar der Berenike« (Romain Rolland)[58a] heranreicht, ohne den strahlenden göttlichen Feuerstern zu berühren.

Himmelsleitern sind – nicht nur in der mystischen Tradition – ein Symbol für die Suche nach dem Absoluten, sie können allerdings auch aus Zeichen der Hoffnung zu Sinnbildern des Scheiterns werden. Wer Leitern besteigt, steht mit beiden Beinen nicht mehr fest auf Gottes Erdboden, sondern auf schmalen Sprossen, die selbst dem Erfahrenen nur unsicheren Halt gewähren. Neben Konzentration und Trittfestigkeit braucht es zusätzlich eine gehörige Portion Gottvertrauen, sich immer weiter nach oben zu wagen. Doch sie allein reicht nicht aus: Läßt die Aufmerksamkeit des Kletternden für einen kurzen Augenblick nach, ist es um ihn geschehen: Die Hände greifen ins Leere, die Füße finden keinen Halt mehr, das Gleichgewicht geht verloren – am Ende liegt ein Körper, zerschmettert durch den Fall aus großer Höhe, seltsam verrenkt auf dem Boden. Nur wenige überleben einen solchen Sturz. Wer Berge besteigt, um auf dem Gipfel das Glück der Aussicht zu genießen, weiß, wovon die Rede ist; der kennt nicht nur die Dialektik von Entsagung und unbeschreiblicher Glückserfahrung am Ziel – wenn der Blick das Panorama in sich aufsaugt und stille Zufriedenheit das Herz erfüllt, wenn alles sich fügt zu einer vollkommenen Komposition, die kein Mißton zu stören vermag, derweil die vom langen Marsch schwer gewordenen Beine sich allmählich erholen –, sondern auch jene andere Erfahrung: die des Absturzes. Ein unbedachter Tritt, Steine geraten ins Rollen, und schon ist ein Leben zu Ende, das eben noch vom Paradies gekostet hat oder in Vorfreude darauf der unmittelbaren Umgebung nicht die notwendige Beachtung zu schenken vermochte.

Leitern, insbesondere Himmelsleitern sind nichts für Ängstliche und Zaghafte, deren Hände sich verkrampfen und deren Beine nicht gehorchen wollen, nichts auch für alle diejenigen, deren Blick wehmütig nach unten wandert, zu den Palästen und Festplätzen ihres Lebens, die manchem um so festlicher erscheinen, je weiter er sich von ihnen entfernt, dem Ungewissen entgegen, das ihn erwartet. Solche straucheln zuerst wie jener zaudernde Eremit, den Herrad von Landsberg im *Hortus deliciarum* auf der Tugendleiter bis zur obersten Sprosse steigen läßt.[59] Als dieser nach unten blickt und sein schmuckes Gärtlein sieht, erfaßt ihn die Sehnsucht. Die Strafe folgt sogleich: Kopfüber stürzt er hinab, mitten zwischen die sorgfältig angelegten Beete, ein Fall aus luftiger Höhe zurück in blumen-

Byzantinische Ikone aus dem Katharinenkloster, um 1250

heitere Weltlichkeit. Die Moral von der Geschichte: Der Eremit vermochte sich von seinem Garten nicht zu lösen. Vor lauter Wehmut um den Verlust dieses irdischen Paradieses hat er das transzendente Ziel seiner (im weitesten Sinne »gärtnerischen«) Bemühungen, das im Wort versprochene Himmelreich, das himmlische Paradies aus dem Blick verloren – und für Herrad damit sich selbst!

In seinem Werk *De principiis (1,5,3)* hat schon der Kirchenvater Origenes diesen Prozeß des Herabsinkens der [zuvor ins Körperlose aufgestiegenen] Seelen eindrucksvoll geschildert.

»Alle körperlosen und unsichtbaren vernünftigen Geschöpfe gleiten, wenn sie in Nachlässigkeit verfallen, allmählich auf niedere Stufen herab und nehmen Körper an je nach der Art der Orte, zu denen sie herabsinken: z. B. erst aus Äther, dann aus Luft, und wenn sie in die Nähe der Erde kommen, umgeben sie sich mit noch dichteren Körpern, um schließlich an menschliches Fleisch gefesselt zu werden. Auf der Leiter Jakobs steigen die vernunftbegabten Geschöpfe allmählich bis zur unteren Stufe herab, d. h. bis zu Fleisch und Blut. Es ist unmöglich, daß einer mit einem Male vom hundertsten zum ersten Rang herabstürzt; er gelangt vielmehr durch die einzelnen Ränge wie auf den Stufen einer Leiter bis zum untersten Rang. Dabei wechselt er seinen Körper ebensooft, wie er seinen Wohnsitz beim Abstieg vom Himmel zur Erde wechselt.«

Als Tiefstpunkt dieser Entwicklung wäre dann wohl der Boden des von Botticelli ins Bild gesetzten »Höllentrichters« der *Divina Commedia* zu betrachten – dem Gegenbild zur Himmelsleiter, deren Tugendsprossen sich ein jedes beseelte Geschöpf selbst zimmern muß.

»Aus deinen Rippen brichst du doch die Sprossen / Der

Himmelsleiter, die dich aufwärts führt«, gab der frühverstorbene Dichter Klabund (1890-1928) einem Gedichtband aus dem Kriegsjahr 1917 als Begleitspruch auf den Weg.[60] Und der Mitbegründer des Dadaismus, Hugo Ball (1886-1927), läßt seinen »Henker von Brescia« in äußerster Gewissensnot ausrufen:

> Ich weiß, was es heißt zu henken. Ich will nicht mehr Blut an mir haben. Ich will mich erhöhen. Ich will abtun die Greuel und das ganze Geschäft. Ich will atmen mit den Erwählten und Seligen! Mein Kleid ist voll Blut. Das Haus ist voll Blut. Die ganze Welt ist ein Aderlaß. Ich will in das Hochzeitskleid des Erlösers schlüpfen. Ich will mich verbergen hinter dem Notkleid Christi. Allmächtiger Gott! Ich will Gnade. Ich bin ja erbärmlicher als ein Wurm. (III. Akt, 5. Szene)

In der Sehnsucht, die »Rippen« des eigenen Seins zu Sprossen werden zu lassen bzw. die Galgenleiter gegen eine Himmelsleiter einzutauschen, verweisen beide Dichter auf die uralte, vom Christentum besonders eindrucksvoll zelebrierte Menschheitserfahrung, daß der Weisheits- und Ganzheitsweg – kurz: der Himmelsweg – nicht zuletzt auch Kreuzungs- und Kreuzweg ist, auf dem beim Schnittpunkt von irdischer Horizontalität und ins Überirdische gerichteter Vertikalität »Wandlung« stattfinden muß, Kreuzigungsopfer darzubringen sind. Überall dort aber, wo die sinnliche der übersinnlichen Lust vorgezogen wird – so die Botschaft –, wo der Glaube nicht stark genug ist, den irdischen Verlockungen zu widerstehen, die Phantasie zu schwach, um die himmlischen Freuden sich vorzustellen und auszumalen: überall dort wird der Lohn des Aufstiegs nicht verdient. Überall dort auch, wo ungehemmte Vertikalität gelebt werden will, überall dort, wo dem menschlichen »Hunger nach Macht und abermals Macht, der erst im Tode endet« (Thomas Hobbes),[61] keine Zügel angelegt werden, droht jäher Sturz. Und dies im Materiellen wie im Spirituellen, im Weltlichen wie im Geistigen und Geistlichen. »Hochmut kommt vor dem Fall« lautet ein alt- und weitbekanntes Sprichwort. Die Geschichte von Machtmißbrauch und Machtverlust des letzten der etruskischen Könige Roms, Tarquinius ›Superbus‹ (534-510 v.Chr.), steht für diesen Zusammenhang nicht minder als die – von Goethe, Byron und Heine poetisch überhöhte – biblische Erzählung vom babylonischen König Belsazar (557-543 v.Chr.), dem der göttliche Richtspruch über eine Freveltat – »Gewogen, gewogen, gewogen (und) zu leicht befunden« – von Geisterhand auf den Wänden seiner Königshalle verkündet wurde. Schließlich wird man auch den Niedergang zahlreicher anderer Machthaber in diesem Lichte sehen können – dem Cäsarenwahn verfallener römischer Kaiser wie Caligula, Nero und Heliogabal, aber auch vermessener Emporkömmlinge wie Napoleon, Hitler oder Saddam Hussein. Und für die Exzesse der Geldgier und Habsucht gilt nichts anderes. In der Sage vom Hungertod des phrygischen Königs Midas, dem Dionysos den Wunsch erfüllt hatte, alles zu Gold werden zu lassen, was er berührte, wird deren negative Dialektik sinnfällig.

Auch geistiger und geistlicher Hochmut aber birgt die Gefahr jähen Zusammenbruchs. »Summum ius, summa iniuria« (»Höchstes Recht, höchstes Unrecht«) lernt der Rechtsstudent im Kolleg. Die – von Heinrich von Kleist, Stefan Schütz und Elisabeth Plessen literarisch in Szene gesetzte – Tragödie des Kaufmanns Michael Kohlhaas erhellt diese Dimension der Maßlosigkeit ebenso eindrücklich wie jene bereits erwähnte byzantinische Ikone aus dem 13. Jahr-

Pieter Bruegel d. Ä., Der Turmbau zu Babel, 1563

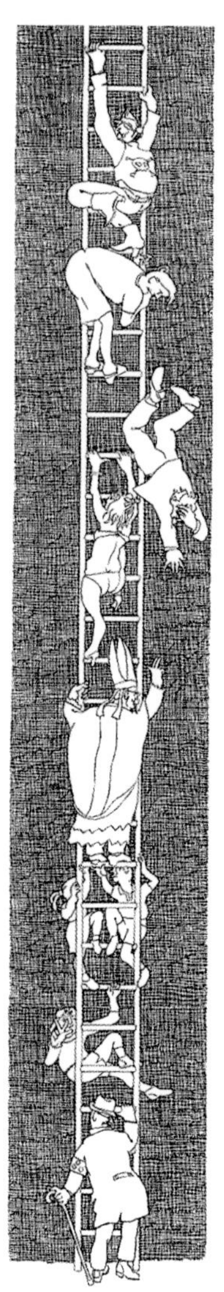

hundert, die Johannes Klimax neben einer Himmelsleiter zeigt, auf der die Sprosse um Sprosse himmelwärts Klimmenden von eklen Dämonen umschwirrt werden, gegen deren Zudringlichkeiten die gleichfalls die Leiter umschwebenden Engelwesen kein leichtes Spiel zu haben scheinen. In der Verbohrtheit und Vermessenheit der Religions- und Konfessionskriege, in der Unerbittlichkeit von Inquisition und Hexenverfolgung, in der wechselseitigen Bereitschaft zur Diskriminierung, Exilierung und Liquidierung Andersgläubiger manifestiert sich die soziale und politische Wirkung jener (g)eifernden Hybris. In der maßlosen Hohläugigkeit von Dostojewskis Figur des Großinquisitors aus den »Brüdern Karamasow«, der selbst die wiedergekehrte Gründer- und Lichtgestalt des Christentums ›aus hinreichendem Grunde‹ verbrennen lassen will, hat dieses soziale Syndrom geistiger Verwirrung einen absurden Gipfelpunkt erreicht. Nicht von ungefähr jedenfalls ist die – mehr als drei Jahrtausende dokumentierter Kulturgeschichte überspannende – Lehre von Mitte und Maß zur zentralen Botschaft des Humanismus geworden.[62]

Zum Urbild vermessenen Hoch- und Übermutes wurde im kulturellen Bannkreis des jüdisch-christlich geprägten

Dieter Groß, Die Himmelsleiter (Details), 1993

Abendlandes der biblische Bericht vom Turmbau zu Babel (1. Mose 11, 3-9) – die Geschichte also jener Bewohner Babylons, die beschlossen, einen Turm zu bauen, »des Spitze an den Himmel« reichen sollte, um sich auf diese Weise »einen Namen (zu) machen«. Als göttliche Strafe hierfür erfolgt dann die Verwirrung der zuvor (angeblich) »einerlei Zunge und Sprache«. Und als Grund nennt der Herr die Gefahr, daß »sie (sonst) nicht ablassen (werden) von allem, das sie (sich) vorgenommen haben zu thun«. Was dem Herrn offenbar nicht gefiel, war das vermessene Streben, gottgleich sein zu wollen, den Himmel aus eigener Kraft stürmen, statt sich ihm demutsvoll nähern zu wollen. Einer die geschichtlichen Tatsachen mit einbeziehenden Textkritik vermag diese Deutung freilich nicht standzuhalten, da sich in der biblischen Erzählung – außer einer naiven Erklärungshypothese für die Sprachenvielfalt der Nachkommen Adams und Evas – noch zwei weitere Motive vermischen: das zeitlose Hybrismotiv und das zeitlich und räumlich bestimmbare Motiv verwerflicher Abgötterei. Während sich das Hybrismotiv nur indirekt aus dem biblischen Text entnehmen läßt, ist der Idolatrievorwurf mit Händen zu greifen. Nicht nur in Babylon wurden derartige Türme gebaut, sondern im ganzen Zwei-

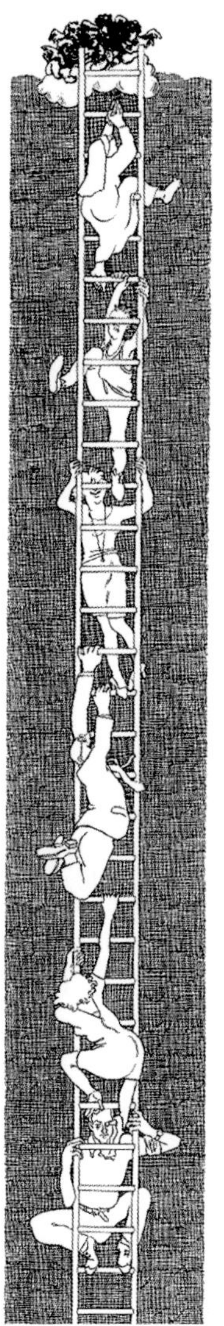

stromland.[63] Noch heute zählt man die Überreste von ca. 35 solcher Zikkurate in 30 Städten des Irak. Die Mesopotamier nannten sie »Götterberge«. Und dies waren sie auch in der Tat, wie wir nicht nur aus den architektonischen Rekonstruktionen ablesen können, sondern auch aus verläßlichen literarischen Zeugnissen wissen. Das in Keilschrift überlieferte Gilgamesch-Epos aus der Tontafelbibliothek zu Ninive des assyrischen Königs Assurbanipal (669-627 v. Chr.) geht auf die Zeit um 2400 v. Chr. – auf vorbiblische Zeit also – zurück. Und schon zu Beginn der Erzählung erfährt man, was es mit dem vielleicht ältesten der »Götterberge« auf sich hatte:

> Gilgamesch, der siegreiche Held, baute die Mauer um Uruk. Hoch wie ein Berg erhebt sich der heilige Tempel in der umfriedeten Stadt. Fest wie Erz liegt der aufgeschüttete Grund. Unter dem Schutz des erhabenen Hauses, in dem der Himmelsgott wohnt, dehnt sich weit der Kornspeicher der Stadt. In Blendsteinen erstrahlt des Königs Palast im Licht. Späher stehen den ganzen Tag auf der Mauer, auch des Nachts wachen die Mannen.[64]

Nichts anderes als für den Turm von Uruk galt aber auch für den siebenstufigen *Etemenanki* (»Haus der Grundlegung von Himmel und Erde«) – den biblischen Turm zu Babel. Bei ihm handelte es sich um ein hochragendes, nach den Maßen der »heiligen Geometrie« (90 m × 90 m × 90 m) und zum Segen der Stadt im Palastbezirk errichtetes, dem Stadtgott *Marduk* gewidmetes Gotteshaus. Nicht zuletzt wohl als solches war es dem oder den Verfassern des im 10. oder 9. Jahrhundert v. Chr. entstandenen Buches Mose, dessen Gott keine anderen Götter neben sich sehen wollte und der den Israeliten auch geboten hatte, kein Götter- bzw. Gottesbildnis zu machen (2. Mose 20, 3-4), ein Är-

Minarett der Abu-Dulaf-Moschee, Samarra

gernis. Der »Name«, den sich die Erbauer des Turms zu Babel nach dem biblischen Bericht angeblich machen wollten, war wohl weniger ihr Name als vielmehr der ihres – aus der Sicht der Israeliten falschen – Gottes.

Wie immer es sich damit im einzelnen verhalten haben mag – unzweifelhaft ist, daß für die Ureinwohner Mesopotamiens (Sumerer, Akkadier, Babylonier und Assyrer) diese getreppten Hochtempel Himmelsleitern waren, die sie ihren Göttern näher bringen sollten. Allerdings steht auch fest, daß diese Tempel zugleich dazu angetan waren, die Kinder des »eifernden« (2. Mose 20, 5) Gottes JAHWE mit Unbehagen zu erfüllen. Aus diesem Unbehagen, vielleicht aber auch aus dem Wissen heraus, daß der Turm zu Babel zur Zeit der »Babylonischen Gefangenschaft« (597-538 v. Chr.) bereits mindestens zweimal (so etwa von Sanherib) zerstört und (von Asarhaddon, Nabopolassar und Nebukadnezar II.) wiederaufgebaut worden war, ließ sich leicht ein Bogen spannen zu jener Menschheitserfahrung, die später den römischen Dichter Horaz in seinem Gedicht über die – nach ihm so benannte – »Goldene Mitte« beflügelt hat:

> Wer da wählt die goldene Mitte, sicher
> Bleibt er fern vom Schmutz der morschen Hütte,
> Bleibt, genügsam, fern vom mißgönnten Prunke
> Fürstlichen Schlosses:
>
> Öfter schwankt, vom Sturme gefaßt, der mächtigen
> Fichte Haupt, hochragende Türme stürzen
> Wucht'gen Falls zusammen, der Berge Gipfel
> Treffen die Blitze.

Unverkennbar ist jedenfalls – Deutung oder Mißdeutung hin oder her –, daß der Mythos vom Turmbau zu Babel über die Jahrtausende und Jahrhunderte hin zum Symbol menschlicher Anmaßung und Überheblichkeit wurde – von bildender Kunst und Literatur in zahllosen Variationen ins Bild gesetzte und in Worte gefaßte Warnung vor Hoffart, Hochmut und Hybris. Der Himmelstreppe der Sumerer, Akkadier, Babylonier und Assyrer wurde von der kulturellen Tradition nicht zuerkannt, was der Jakobsleiter der Hebräer – dem von der Christenheit adoptierten Symbol spirituellen Aufstiegs schlechthin – wie von selbst zuwuchs. Und auch die getreppten Sonnentempel Yukatans, auf denen sich im grausamen Ritual des Herzopfers die Vergöttlichung der Geopferten vollzog, wurden – ähnlich wie die Grabpyramiden Ägyptens – wenn auch nicht als Mahnmahle der Maßlosigkeit, so doch ausschließlich als kulturgeschichtlich interessante Sehens- und Denkwürdigkeiten im Gedächtnis der Völker bewahrt, nicht jedoch als Stätten einer – den historischen Erfahrungsraum transzendierenden – spirituellen Himmelfahrt.

Ungeachtet des babylonischen Verdikts gab und gibt es innerhalb des jüdisch-christlichen Kulturkreises überraschenderweise kaum Berührungsängste im Hinblick auf den Bau hochragender Türme. Gotische Dome wie die Kathedrale von Salisbury oder gar das (161 Meter hohe) Ulmer Münster strebten weit über das babylonische Höhenmaß hinaus. Auch islamische Minarette erreich(t)en oft schwindelerregende Höhen. Und für weltliche Türme galt dies allemal – für die Bergfriede der Landkastelle und die Geschlechtertürme der mittelalterlichen Stadt. Das höhere der beiden Wahrzeichen Bolognas etwa – der Turm der *Asinelli* – hätte den Stufentempel des *Marduk* noch um einige Meter überragt. Höher noch streben die neuzeitlichen Wunderwerke der Bautechnik – der (300

Marten van Valckenborch, Der Turmbau zu Babel, 1595

Meter hohe) Eiffelturm, die Fernsehtürme und »Wolkenkratzer« bis hin zu den Zwillingstürmen des Welthandelszentrums, deren Sturz am 11. September 2001 dann aber prompt wieder den biblischen Mythos in Erinnerung rief. Neben die Stimmen der trotzigen Wiederaufbauer traten die der umkehrbereiten Mahner, zu denen sich inzwischen selbst ein so profilierter Hochhausarchitekt wie Philip Johnson gesellt hat. Daß sich die *Twin Towers* von Manhattan mit ihren 417 Höhenmetern gegenüber dem Treppenturm zu Babylon mit seinen ca. 90 Höhenmetern geradezu gigantisch, gegenüber dem *Bionic-Tower*-Projekt von Shanghai mit 1100 Höhenmetern jedoch vergleichsweise bescheiden ausnahmen, kommt aus dieser Perspektive schon nicht mehr ins Blickfeld. Was nunmehr zivilisationskritisch angemahnt wurde, war weniger die Megalomanie solcher Höhenarchitektur als vielmehr ihre Symbolhaftigkeit für die sich im Welthandel heutigen Zuschnitts manifestierende Krebsigkeit der Geldwirtschaft mit all ihren verhängnisvollen Implikationen und Konsequenzen – für das also, was schon Rainer Maria Rilke vor 100 Jahren visionär vorwegnahm, als er im ›Stundenbuch‹ schrieb:

> das Geld wächst an, hat alle ihre Kräfte
> und ist wie Ostwind groß, und sie sind klein
> und ausgeholt und warten, daß der Wein
> und alles Gift der Tier- und Menschensäfte
> sie reize zu vergänglichem Geschäfte.[65]

Noch globalisierungsbewußter und prophetischer gab sich Stefan George in seinem – wie eine gespenstisch aktuelle Gegenwartsbeschreibung klingenden – Gedicht mit dem Titel »Geheimes Deutschland« aus den zwanziger Jahren des letzten Jahrhunderts:

Wo unersättliche gierde
Von dem pol bis zum gleicher
Schon jeden zoll breit bestapft hat
Mit unerbittlicher grelle
Ohne scham überblitzend
Alle poren der Welt.

Wo hinter maßloser wände
Häßlicher zellen ein irrsinn
Grad erfand was schon morgen
Weiteste weite vergiftet

Bis in wüsten die reitschar
Bis in jurten den senn.[66]

Soweit sich die Metapher vom Turmbau zu Babel in ihrer überkommenen Prägung mit den Chiffren der heutigen Zivilisations- und Globalisierungskritik verbindet, ist Babylon tatsächlich überall. Und insoweit – aber auch nur insoweit – liegen dann auch tatsächlich Welten zwischen den als bautechnische Meisterwerke ihrer Zeit anzuerkennenden Treppentürmen Mesopotamiens und den imaginären Himmelsleitern des Abendlandes. Deren Sprossenweg vermag freilich nur derjenige erfolgreich einzuschlagen, der sich – allen Versuchungen widersagend – seinem Gotte bußfertig nähert, eher die ihm vom Himmel gereichte Hand demütig ergreifend als sie vermessen fordernd. Die für die sozioökonomische Befindlichkeit der heutigen Weltgesellschaft so bedeutsame Verbindung von Calvinismus und Kapitalismus spricht jedoch eine andere Sprache. Nicht nur der ökonomische, sondern etwa auch der rüstig fürbaß schreitende militär- und biotechnische Expansionismus scheint einem unauslöschlichen Impuls zu folgen –

Hannsjörg Voth, Himmelstreppe (Marokko), 1980-1987

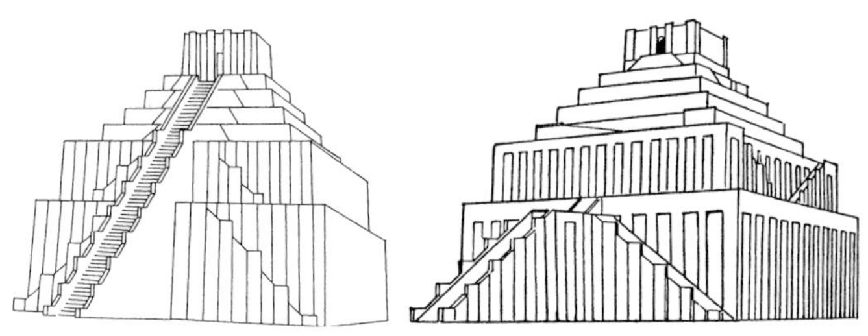

Rekonstruktionszeichnungen des Turms von Babel

einem Impuls, der manchem Zeitgenossen die gegenwärtige Entwicklungsstufe der Menschheit als »Halbzeit der Evolution« (Ken Wilber) erscheinen läßt.[67]

Daß diese – eher auf das mittelalterliche Bild des *homo viator* als auf das neuzeitliche des *homo faber* abzielende – Chiffre auch die spirituelle Wendung des die Menschheit weitertreibenden Entwicklungsdranges umfaßt, ist unverkennbar. Himmelsleitern werden nach wie vor nicht nur von den professionellen Mittlern, sondern auch in der bildenden Kunst, in der Literatur und im individuellen und kollektiven Leben zahlloser Menschen auf vielfältige Weise und stets aufs neue aufgerichtet. Im Umkreis der spirituell orientierten *New-Age*-Bewegung der Jahrtausendwende wurde und wird in zahlreichen theosophischen und philosophischen Varianten und Nuancen versucht, über ein – nicht zuletzt durch die weltweit wachsende Um- und Mitweltnot beflügeltes – kosmisches Einheits- und Ganzheitsbewußtsein den Halt für eine neue Art von Himmelsleiter zu gewinnen. Und wo dann auch noch die Vision vom »kosmischen Christus« (Mathew Fox)[68] aufscheint, wird deutlich, daß diese neognostische Geistesrichtung nun bereits den Vorhof der altehrwürdigen Zunft der Aufstiegshelfer erreicht hat. Nahtlos fügt sie sich in den langen

Zug der Aufstiegswilligen, die heute ebenso wie eh und je ihre Zeichen setzen. Hannsjörg Voths Himmelsrampe in der marokkanischen Wüste, Bernd Uiberalls Stufenpyramide auf Mallorca, aber auch all die über die Jahrhunderte in Stein gemeißelten, auf Holz, Leder oder Leinwand gemalten, die gewebten oder mit Stoffen gestalteten Himmelsleitern legen dafür Zeugnis ab. Erst recht aber tun dies die – mal deutlicher, mal weniger deutlich in Erscheinung tretenden – Lebensläufe von Menschen, die ihren Handel und Wandel bewußt und folgerichtig im inneren Blick nach oben gestalten. Manchen Menschen scheint die Himmelsleiter von Geburt an in die Seele geschrieben zu sein, während andere am Fuß der Leiter »Schwarze Messen« feiern. Nicht von ungefähr hat der zarathustrisch-manichäische Dualismus auch das christlich-abendländische (und das islamische) Weltbild geprägt. Das gewaltige Szenario der Scheidung der reinen von den unreinen Geistern und die verbissenen Scheidungskämpfe im Umfeld des Scheidewegs sind es, die das Faszinosum und die Dramatik dieser kulturellen Tradition ausmachen. Was bei all dem tröstlich stimmen mag, ist der Umstand, daß zwar die Himmelsleiter, nicht aber ein Höllentrichter à la Botticelli zum ikonographischen Fundus des Abendlandes zählt. Nicht zuletzt hierin spiegelt sich die in ihrer Schlichtheit großartige Begründung, die der Kirchenvater Aurelius Augustinus für die aus der Unruhe des Herzens aufsteigende, aufs Jenseits gerichtete Bergungssehnsucht des Menschen gab: »weil Du uns ja auf Dich hin geschaffen hast«.

Hans Wagner, »Himmelsleitern« in Lhasa, Tibet

1 Ernst Cassirer (1874-1945) hat darauf schon vor langer Zeit mit gebührendem Nachdruck hingewiesen; vgl. derselbe, *Philosophie der symbolischen Formen*, Darmstadt 1953 (zuerst 1925).

2 Zu Symbolen und ihrer Geschichte vgl. Peter Cornelius Mayer-Tasch (Hg.), *Die Zeichen der Natur. Natursymbolik und Ganzheitserfahrung*, Frankfurt am Main 1998.

3 Mircea Eliade, *Ewige Bilder und Sinnbilder*, Frankfurt am Main 1998, S. 13.

4 Vgl. hierzu Paul Zanker, *Augustus und die Macht der Bilder*, München [3]1997 (zuerst 1987), S. 56: »Mehrere der Träume und Vorzeichen brachten den Knaben mit Sonne und Gestirnen in Verbindung, wie es dem allgemeinen Erwartungshorizont von einem neuen Weltalter und einem gottgesandten Herrscher entsprach. Das Baby kletterte allein aus der Wiege, man fand es auf einem hohen Turm wieder, zur Sonne gewandt. Nicht nur Vater und Mutter träumten von einem Sonnen- und Sternenkind. Selbst der würdige Konsul Cicero soll im Traum einen Knaben gesehen haben, der an einer goldenen Kette vom Himmel herabgelassen wurde und der von Jupiter Capitolinus eine Geisel bekam. Ein Teil dieser Geschichten kursierte offenbar schon in den ersten Jahren.«

5 Zum Begriff des »Ganz Anderen« vgl. Rudolf Otto, *Das Heilige. Über das Irrationale in der Idee des Göttlichen und sein Verhältnis zum Rationalen*, München 1987, sowie Mircea Eliade, *Das Heilige und das Profane*, Frankfurt am Main 1984. Zur Symbol- bzw. Kulturgeschichte der (Geist-)Leiter im allgemeinen und der Treppe im besonderen vgl. Friedrich Mielke, *Geistige Treppen. Treppen des Geistes*, Stamsried 2001; hingewiesen sei in diesem Zusammenhang auch auf den Band *Treppen in der Kunst* (Eichstätt 2001) desselben Autors, der neben zahlreichen einschlägigen Abbildungen zusätzlich eine Vielzahl literarischer Quellen anführt. Daß wir es auch dort mit Himmelsleitern zu tun haben, wo die Leiter selbst durch funktionale Äquivalente (Seil, Baum,

Weinrebe, Regenbogen, Pfeilkette etc.) ersetzt wird, sei an dieser Stelle wenigstens angemerkt.

6 Achim von Arnim, *Armut, Reichtum, Schuld und Buße der Gräfin Dolores*, Berlin 1810, S. 85.

7 Mircea Eliade, *Die Religionen und das Heilige. Elemente der Religionsgeschichte*, Frankfurt am Main 1998 (zuerst 1947), S. 134 f.

8 Das Bild der (Himmels-)Treppe oder (Himmels-)Leiter taucht in verschiedenen Sprüchen des ägyptischen Totenbuchs auf. So etwa auch in Spruch 22, Vers 4 ff.; 102, Vers 1-3; 136a; 149, Vers 185; 153a, Vers 104; 169, Vers 13. Vgl. hierzu: Das Totenbuch der Ägypter, eingeleitet, übersetzt und erläutert von Erik Hornung, Zürich und München 1990 (1979), passim, sowie: Kurt Sethe, Übersetzung und Kommentar zu den altägyptischen Pyramidentexten, 6 Bde, Glückstadt/Hamburg, 1936-1962, passim.

9 Vgl. Manfred Lurker, *Götter und Symbole der alten Ägypter. Die mythische Welt des Pharaonenreichs*, Bergisch-Gladbach [2]1992, S. 122 f.: »Sie [die Himmelsleiter] stand unter der Obhut des Re und wurde verschiedentlich in den Sonnenstrahlen erblickt. Andere Auffassungen sahen in ihr eine Strickleiter oder eine feste Leiter, deren Holme als Djedpfeiler bezeichnet werden können.«

10 *Taittirrîya-Samhitâ* (VI,6,4,2), zitiert nach Mircea Eliade, *Die Religionen und das Heilige*, S. 137. Vgl. ebd.: »Nach einer anderen Stelle dieses Textes (I,7,9) steigt der Zelebrierende eine Treppe hinauf, und oben an der Opferstange angelangt, breitet er die Arme aus und ruft: ›Ich berühre den Himmel, die Götter; ich bin unsterblich geworden!‹«

11 Vgl. ebd., S. 138. In Initiations- und Übergangsriten spielt die Leiter eine wichtige Rolle. Hier symbolisiert und ermöglicht sie einen »Aufstieg«, der die innere Wandlung des Initianden bezeichnet und mit Mutproben und Gefahren, nicht zuletzt der Gefahr des Absturzes, verbunden ist.

12 Vgl. ebd., S. 136 f.

13 Max Stirner, *Der Einzige und sein Eigentum und andere Schriften*, hg. von Hans G. Helms, München 1968, S. 63.

14 Karl Marx, *Die deutsche Ideologie. Kritik der neuesten deutschen Philosophie in ihren Repräsentanten, Feuerbach, Bruno Bauer und Max Stirner und des deutschen Sozialismus in seinen verschiedenen Propheten*, in: Karl Marx / Friedrich Engels, *Werke* (MEW), Bd. 3, Berlin 1958, S. 150.

15 Ebd.

16 Träumer, ja wirklichkeitsfremde Himmelstürmer sind – jedenfalls nach Ansicht einer materialistischen Geschichtsschreibung – selbstverständlich auch jene Philosophen, die sich der Wahrheit um so näher glauben, je weiter sie sich von den Tatsachen entfernt haben. Vgl. hierzu Friedrich Albert Lange, *Geschichte des Materialismus und Kritik seiner Bedeutung in der Gegenwart*, Leipzig [2]1873/75 (zuerst 1866), S. 100: »Die Abstraktion wurde die Himmelsleiter, auf welcher die Philosophie zur Gewißheit emporstieg.«

17 Bettina von Arnim, *Die Günderode*, Grünberg und Leipzig 1840, S. 269. Romantischen Übermut zeichnet auch Jean Paul aus, der in seinem Roman *Flegeljahre* (Tübingen 1804/5, 4 Bde., hier Bd. 3, S. 52) von einer Himmelsleiter spricht, »die er an die Sonne anlegen« wolle.

18 Bettina von Arnim, *Clemens Brentanos Frühlingskranz*, Charlottenburg 1844, S. 200.

19 Bettina von Arnim, *Dies Buch gehört dem König*, Berlin 1843, S. 469.

20 Joseph Freiherr von Eichendorff, *Ahnung und Gegenwart*, Nürnberg 1815, S. 154.

21 Joseph Freiherr von Eichendorff, *Tafellieder* (»2 Trinken und Singen«), in: *Gedichte*, Berlin 1841, S. 103. Es lohnt sich, auch den zweiten Teil des Gedichtes abzudrucken, der nicht nur etwas von der Lebensklugheit des Romantikers Eichendorff verrät, sondern darüber hinaus auch einen alternativen Himmelsweg skizziert: »Kommt so ein schwerer Wicht, / das Trinken ist gescheiter. / Das schmeckt schon nach Idee, / Da braucht man keine Leiter, / Das geht gleich in die Höh'.«

21a Vgl. Eike Christian Hirsch, Vorsicht auf der Himmelsleiter, Hamburg, 1987.

21b Vgl. die Abbildung des Höllentrichters auf S. 63.

22 E. T. A. Hoffmann, *Die Serapions-Brüder*, mit einem Nachwort von Wolfgang Müller-Seidel und Anmerkungen von Wulf Segebrecht, München 1976/79, S. 599 f.

23 »nil mortalibus ardui est: // caelum ipsum petimus stultitia neque«, in: Horaz: *Oden*, lateinisch und deutsch, ausgewählt, neu übertragen und kommentiert von Winfried Tilmann, Frankfurt am Main und Leipzig 1992, hier Ode I 3, S. 18. Eigene Übersetzung.

24 Von hier aus, so heißt es, soll später die Stadt Venedig gegründet worden sein. Das Brennen und Morden hielt auch nach dem Fall Aquileias an. Aquileia war nur der Anfang. Auf ihrem weiteren Zug durch Oberitalien fielen die Hunnen über die Städte Pavia, Vicenza, Verona, Mantua und Mailand her, und fast überall verhalfen Sturmleitern den Angreifern zum Sieg. Erst Papst Leo I., der aus Angst vor der Zerstörung Roms den Hunnen entgegengeeilt war, gelang es, sie zum Abzug zu bewegen.

25 Vgl. hierzu Alwin Schultz, *Über Bau und Einrichtung der Hofburgen des XII. und XIII. Jahrhunderts. Ein kunstgeschichtlicher Versuch*, Berlin 1862, S. 35: »Ein Angriff mit Sturmleitern hatte an und für sich schon manches Missliche gegen sich. In dem ungleichen Kampfe der einzelnen auf schwankenden Leitern stehenden Angreifer und den auf der Mauer doch immer sicher geborgenen und in größerer Anzahl vorhandenen Verteidigern konnte wohl der Ausgang eines derartigen Versuches niemals zweifelhaft sein, wenn man nicht eben so glücklich war, eine glückliche Nachtstunde zu treffen, wo dann die Wachthabenden nicht so ängstlich ihrem Dienst oblagen.«

26 Sechs Bataillone österreichischer Infanterie hatten sich in der Stadt verschanzt, um den Vormarsch der Franzosen aufzuhalten und den eigenen Truppen einen geordneten Rückzug zu ermöglichen. Wollte Napoleon sich den Weg nach Böhmen offenhalten, mußte er die Steinerne Brücke, damals der einzige Donauübergang weit und breit, unter seine Kontrolle bringen. Es blieb ihm daher nichts anderes übrig, als die Stadt, deren Gräben und

Mauern sich vorzüglich zur Verteidigung eigneten, in althergebrachter Weise zu stürmen und zu diesem Zweck auf allen Bauernhöfen der Umgebung sämtliche verfügbaren Leitern zu requirieren.

27 Nicht nur in Kaymakli, überall in Kappadokien, in Derinkuyu, in Göreme, in Uchisar und in Zelve, wurde der weiche Tuffstein so lange behauen und gelöchert, bis der Fels von innen völlig zerfressen war. Am Ende fügten sich Tuffsteinhäuser und Felsenwohnungen zu einem harmonischen Komplex, der seinen Bewohnern ein Leben in Sicherheit, allerdings auch in Dunkelheit und Zwielicht ermöglichte.

28 Ihre Blüte erlebte die sogenannte Pueblo-Kultur etwa zwischen 1050 und 1300 – in dieser Zeit entstanden jene großen und teilweise noch heute erhaltenen Pueblos, die ihrer beeindruckenden Architektur wegen zum Weltkulturerbe der Menschheit erklärt wurden. Die Pueblos waren Städte mit 1000 und mehr Einwohnern. Manchmal bestanden sie nur aus einem einzigen Bauwerk, das durch zahlreiche Anbauten im Laufe der Zeit vergrößert wurde und nicht selten mehr als 100 Einzelräume zählte, die allesamt miteinander auf die vielfältigste Weise verbunden waren. Man schätzt, daß es zur Zeit der Ankunft der Spanier etwa 80 dieser Siedlungen gegeben hat.

29 Nach: Francesco Petrarca, *Die Besteigung des Mont Ventoux (Francesco Petrarca an Francesco Dionigi von Borgo San Sepolcro in Paris)*, aus dem Lateinischen übersetzt von Hans Nachod und Paul Stern, Frankfurt am Main und Leipzig 1996.

30 Ebd.

31 Ebd.

32 Luis Trenker, Statement, zitiert nach der Ausstrahlung in WDR 3 am 3. 8. 2002 (*Von Talsohlen und Höhensonnen. Ein Gipfeltreffen zum UN-Jahr der Berge*, von Sabine Weber und Sabine Krebber, Redaktion: Corinna Rottschy und Imke Marggraf).

33 Lenin, *Über das Besteigen hoher Berge*, in: *Gesammelte Werke*, Bd. 33, Berlin 1966, S. 188.

34 Ebd.

35 Ebd.

36 Ebd.

37 Ebd.

38 Zur Symbolgeschichte dieses Zeichens – einer christlichen Modifikation der Rune HAGAL – vgl. Mayer-Tasch (Hg.), *Die Zeichen der Natur*, S. 119 ff. (130).

39 Im Alten Testament wird das Aufsteigen der Engel vor dem Niedersteigen genannt. Der Aufstieg (der Engel zu Gott) dominiert die Symbolsprache der Himmelsleiter. Vgl. hierzu stellvertretend Fürst Pückler-Muskau, der in einem Brief vom Dezember 1828 (abgedruckt in: *Fürst Pückler reist nach England. Aus den Briefen eines Verstorbenen*, hg. von H. Ch. Mettin, Stuttgart 1955, S. 175) die Außenfassade des »Domes« von Bath schildert und dabei auch auf die Jakobsleiter zu sprechen kommt: »Der Architekt, welcher diesen Dom baute, hat in Zieraten und Verhältnissen sich ganz vom Gewöhnlichen entfernt. So steigen zum Beispiel von außen neben dem Portal zwei Jakobsleitern mit hinanklimmenden Engeln bis an das Dach empor, wo sich die Kleinen hinter den Giebeln verlieren. Gar lieblich sind die emsigen Himmelsstürmer anzusehen und, wie mich dünkt, ganz im Geiste jener phantastischen Architektur erfunden, die das Kindlichste mit dem Erhabensten, den ausgeführtesten Schmuck mit dem grandiosen Effekt der Massen zu verbinden wußte.«

40 *Gilgamesch. Eine Erzählung aus dem alten Orient. Zu einem Ganzen gestaltet von Georg Burckhardt*, 75.-84. Tausend, Wiesbaden 1955 (Insel-Bücherei 203), S. 26.

41 Platon, *Sämtliche Werke*, Bd. 3 (Phaidon, Politeia). In der Übersetzung von Friedrich Schleiermacher hg. von Walter F. Otto, Ernesto Grassi, Gert Plamböck, 56.-63. Tausend, Reinbek b. Hamburg 1962, S. 225 (516a)

42 Vgl. *Heiliger Johannes vom Sinai, Klimax oder Die Himmelsleiter*, übersetzt von Mönch Georgios Makedos, mit 24 Miniaturen und einem Vorwort des Erzbischofs des Sinai hg. von der Berg-Sinai-Stiftung, Athen 2000.

42a De dignitate hominis (Über die Würde des Menschen), übersetzt von Dora Baker, Dornach 1983, S. 71 f.

43 *Der Koran. Das Heilige Buch des Islam*, nach der Übertragung von Ludwig Ullmann neu bearbeitet und erläutert von L. W. Winter, München 1959 ff. (1986), S. 466.

44 *Second Treatise of Government*, Chapter XIV, § 168 (Two Treatises of Government, hg. von Peter Laslett, Cambridge 1963, S. 397).

45 Vgl. *Hermann Lenz über Karl Stirner*, in: Hermann Hauber, Karl Stirner, *Der schwäbische Malerpoet*, Ellwangen o. J., S. 9.

46 Das Gedicht ist abgedruckt in: Karl Krolow, *Von wahren und von fernen Dingen*, Stuttgart 1953.

47 Johannes Poethen, *Wer hält mir die Himmelsleiter. Gedichte*, Karlsruhe 1947.

48 Friedrich Nietzsche, *An den Mistral. Ein Tanzlied*, in: *Die fröhliche Wissenschaft*, Chemnitz 1882, S. 477.

49 Dante Alighieri, *Die Göttliche Komödie*, übertragen von Wilhelm G. Hertz, Frankfurt/Hamburg 1955, S. 152.

50 Ebd., S. 154 (III. Gesang).

51 Ebd., S. 203 (XV. Gesang).

52 Ebd., S. 219 (XIX. Gesang).

53 Ebd., S. 158 (IV. Gesang).

54 Nikolaus von Cues, *Vom verborgenen Gott (de quaerendo deum; de filiatione dei)*, hg. von E. Bohnenstaedt, Leipzig 1940, S. 92.

55 Raymond Lister (Hg.), *The paintings of William Blake*, Nr. 42, Cambridge (Cambridge Univ. Press) 1986. Vgl. hierzu auch Anthony Blunt, *The art of William Blake*, Morningside Heights, New York (Columbia Univ. Press) 1959, S. 37.

56 Nach Augustinus bildet der Kopf des Drachen die erste Sprosse der Leiter. Dergestalt (oder am Fuße der Leiter plaziert) verweist er auf den Umstand, daß der Weg zum Himmel nach christlicher Auffassung durch das Martyrium führt. Er gehört zu den bekanntesten, von der christlichen Kunst immer wieder abgebildeten Motiven der Himmelsleitersymbolik. Auf einem aus dem

4. Jahrhundert stammenden Fresko in der Katakombe SS. Pietro e Marcellino in Rom kauert eine Schlange am Fuß einer Leiter, die von einem Mann bestiegen wird. Die karthagische Märtyrerin Perpetua soll im Gefängnis die Vision einer Himmelsleiter mit Schwertern und Lanzen an der Seite und einem Drachen am Fuß der Leiter gehabt haben.

56a Das Leben des Ramakrishna, Erlenbach/Leipzig, 1929, S. 29.

57 Vgl. hierzu Mircea Eliade, *Die Religionen und das Heilige*, S. 137.

58 Vgl. Joh 1,1: »Im Anfang war das Wort, und das Wort war bei Gott, und Gott war das Wort.«

58a Vgl. Das Leben des Ramakrishna, a. a. O., S. 18.

59 Herrad von Landsberg, *Hortus deliciarum*, hg. von Otto Gillen, Neustadt 1979.

60 Vgl. Klabund, *Die Himmelsleiter*, o. O. 1917.

61 Thomas Hobbes, *Leviathan oder Wesen, Form und Gewalt des kirchlichen und des bürgerlichen Staates*, Teil I, Kap. XI, in der Übersetzung von Dorothee Tidow hg. von Peter Cornelius Mayer-Tasch, 3. Aufl., Stuttgart 2012, S. 76.

62 Hierzu Peter Cornelius Mayer-Tasch, *Mitte und Maß – Leitbild des Humanismus von den Anfängen bis zur Gegenwart*, Baden-Baden 2005.

63 Vgl. hierzu und zum Folgenden ausführlich Petra Eisele, *Babylon. Pforte der Götter und Große Hure*, Bern/München 1980.

64 *Gilgamesch*, S. 5.

65 Rainer Maria Rilke, *Das Stundenbuch* (3. Buch: *Von der Armut und vom Tode*), Frankfurt am Main o. J., S. 106.

66 Stefan George, *Geheimes Deutschland*, in: Das Neue Reich, Düsseldorf/München 1964, S. 60.

67 Ken Wilber, *Halbzeit der Evolution. Der Mensch auf dem Weg vom animalischen zum kosmischen Bewußtsein. Eine interdisziplinäre Darstellung der Entwicklung des menschlichen Geistes*, Bern/München 1984.

68 Vgl. Mathew Fox, *Vision vom kosmischen Christus. Aufbruch ins dritte Jahrtausend*, aus dem Amerikanischen von Jörg Wichmann, Stuttgart 1991.

Annunciata Foresti, Diessener Himmelstreppe, 2003

Bildnachweis

akg-images, Berlin: Seite 26, 47, 74 (Fotos: Erich Lessing), 83 (Foto: Gerard Degeorge), 78/79
Annunciata Foresti, Diessen am Ammersee: 102
Bildarchiv Preußischer Kulturbesitz, Berlin: 38 (Gemäldegalerie, SMB, Foto: Jörg P. Anders), 50 (Skulpturensammlung und Museum für Byzantinische Kunst, SMB, Foto: Jürgen Liepe)
Erzbischöfliche Diözesan- und Dombibliothek, Köln: 70
Dieter Groß, Stuttgart: 2, 80, 81
Ulrike Schneiders, Breitbrunn am Chiemsee: 11
Universitätsbibliothek Heidelberg: 23
Hans Wagner, München: 93

Für die Wiedergabe des Werkes von Pseudo Jacopino di Francesco: © Archivio fotografico Pinacoteca Nazionale Bologna, Ministry of Culture Italy

Für die Wiedergabe der Werke von Horst Antes, Marc Chagall und Hannsjörg Voth: © VG Bild-Kunst, Bonn 2015

Alle anderen Abbildungen stammen aus den Archiven der Autoren oder des Insel Verlags.

Dieser Band erschien zuerst 2005 als Insel-Bücherei Nr. 1272 und wurde vom Herausgeber für die vorliegende Ausgabe überarbeitet und erweitert.

 Bezugspapier: Ulrike Schneiders, Breitbrunn am Chiemsee. Gesetzt in der Schrift Sabon und gedruckt auf holzfreies, alterungsbeständiges, mattgestrichenes Papier der Firma Geese, Hamburg, vom Memminger MedienCentrum. Gebunden in Fadenheftung von der Buchbinderei Spinner, Ottersweier.

Printed in Germany

ISBN 978-3-458-19405-7